THE

21 UNDENIABLE KEYS OF LEADERSHIP

领导力养成的21个关键

张平康 著
Thomas P. Chang

北京时代华文书局

图书在版编目（CIP）数据

领导力养成的 21 个关键 / 张平康著. -- 北京 : 北京时代华文书局, 2021.6
ISBN 978-7-5699-4188-3

Ⅰ. ①领… Ⅱ. ①张… Ⅲ. ①领导学 Ⅳ. ① C933

中国版本图书馆 CIP 数据核字（2021）第 097844 号

北京市版权著作权合同登记号 图字：01-2020-5659

本书通过四川一览文化传播广告有限公司代理，经十字星球文创社授权出版中文简体字版本。

领导力养成的 21 个关键
LINGDAOLI YANGCHENG DE 21 GE GUANJIAN

著　　者 | 张平康

出 版 人 | 陈　涛
策划编辑 | 张超峰
责任编辑 | 张超峰
责任校对 | 张彦翔
装帧设计 | 颜森设计　段文辉
责任印制 | 訾　敬

出版发行 | 北京时代华文书局 http://www.bjsdsj.com.cn
北京市东城区安定门外大街 138 号皇城国际大厦 A 座 8 楼
邮编：100011　电话：010-64267120　64267397
印　　刷 | 三河市兴博印务有限公司　电话：0316-5166530
（如发现印装质量问题，请与印刷厂联系调换）
开　　本 | 880mm×1230mm　1/32　印　　张 | 6　字　　数 | 160 千字
版　　次 | 2021 年 8 月第 1 版　印　　次 | 2021 年 8 月第 1 次印刷
书　　号 | ISBN 978-7-5699-4188-3
定　　价 | 48.00 元

我们该看这样的书：

读完之后，令世界为之一变的书；

能带领我们前往世界另一头的书；

看完之后，令我们意识到心灵得到净化的书；

带给我们爱与美的新认识、新视角的书。

——德国哲学家尼采

CONTENTS

目　　录

RECOMMENDED

自 序

善用领导力，活出生命影响力

如同阳光、空气、水的重要性一般，人人都需要领导力，因为它对于我们的生活、工作，乃至于整个生命的发展，影响无所不在；若再以个人熟悉的专业语言来做比喻，我眼中的领导力就好比辐射，虽然看不见、摸不着，却不等于不存在。

很多人可能不知道，地球上只要是天然形成的物质，如水、土、空气、植物等，皆具有不同程度的放射性，甚至连人体组织，特别是骨骼与内脏也都具有放射性。在日常生活中，人与人之间都在彼此释放“辐射”却不自知，当然，人也时时刻刻都在接受大自然的辐射。

至于为什么看不见的领导力如此重要？回想一下，这一生对我们有影响力的人，从家中父母、长辈、兄弟姐妹开始，到学校老师、同学，以及进入社会后的老板、同事、下属、朋友，无论正面或负面影响，他们确实都曾经借助无形领导力，引导我们的生命到如今。

同样的，我们也不要小看自己可能对他人产生的影响力。借由我们的资历、年纪、职场经验，以及社会地位，其实也无时无刻不在影响着周遭的一些人，激发他们不断持续向上。正面的影响等同于帮助，千万不要因为改变小而不为，也因此请切记，真正的领导力讲究的是“360度全方位的影响力”，这是每个人都需要历练成长的一种关系技能。

有意思的是，随着职场的位阶越来越高，我们会发现，一个真正的领导者，可以影响及改变的已经不是一个人、两个人，而是十个人、百个人，甚至上千个人。

十多年前从台湾地区开始，后来又在中国大陆担任高阶经理人时，我才渐渐体会到善用领导力，远比专心于个人升迁与成就来得更有意义。也因此有一段时间，我常利用周五的午餐时间，带领核心团队边吃饭边阅读我当时翻译的一本书《管理有够神》，借此讨论如何应用一些有智慧的方法，化解我们在工作或家庭中所遇到的难题，午休时间一结束，我们就解散，绝不影响到正式工作。

直到如今，我还会收到当时同事来函感谢那段带领他们学习成长的日子，这样的回馈也让我越发感受到，活出生命影响力的果子真是无比甜美！

* * *

人的一生总会有些关键时刻，我近年的关键时刻应该就是2013年，台湾中华大学校长刘维琪呼吁我参与他的团队成就一件有意义的事——帮助学生成长为企业想要的人才。虽然这个邀约并不在我当时的生涯规划之中，但感谢妻子王逸人（Eerine）全力支持，让我无后顾之忧地提早从企业退下，把责任顺利传承给三年多来所培养的，无论品格或能力都是超强的团队之后，从上海飞到台湾展开职场的第二春——成为台湾中华大学企管系的全职教授级专业人员。

有时回想会觉得，在产业界闯荡的那三十年宛如一场马拉松长跑，过程中虽充满了短程的冲刺、中程的撞墙期，以及长程的大起大落，然而最终还是因为坚持不放弃而完成不少阶段性的挑战。转换到学术界之后，让我有机会放慢脚步前进，一方面研究国际上长青常胜的企业有哪些关键因素是中国台湾企业可以学习的；另一方面，也把自己过去在知名跨国与本土企业的经验整理出来，编成课堂上颇受学生喜爱的案例与教材。

后来很幸运，台湾中华大学管理学院苏昭铭院长及叶明峰荣誉讲座教授，邀请我参与“大师开讲”的课程筹划，请来多名业界大师莅临演讲，我也因为从每位演讲者身上发现亮点，而点燃了后来推动“长青常胜领导力”训练营的想法。

“长青常胜领导力”训练营是从台湾中华大学管理学院开始萌芽。其目的就在“为有心变革与成长的领导与企业，提供有效实用的培训，并带来人生的改变”。2015年1月很荣幸地邀请到罗致道、陈锡安、郑哲民、许荣达开办了第一场培训，之后每办一次就改进一次，课程内容日益精实。

2017年，在台湾东海大学管理学院林修葳院长、EMBA班曾俊尧主任支持下，和东海EMBA合办了两个梯次，受到很多同学们非常肯定的反响，因而已邀请更多位教练加入“长青常胜领导力”团队，继续筹办更多梯次的传承培训，非常感谢东海师生给予的肯定。

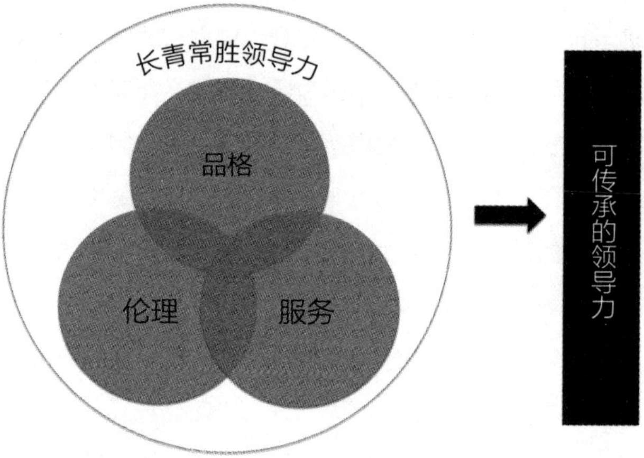

让我个人非常感动的是，在授课过程中看到了十多年前杜邦的老客户，像是瑞泰、东隆、二亿等公司，他们都特地送公司的高阶主管与未来接班人来上课，另外也有些企业送第一批主管来上课后，觉得很有帮助，随即又送来第二批主管参与后续梯次的培训。诸如此类的成果让我和团队备受激励，这是对

我们的一种认同，也是对实际推动结果的一份肯定。

当然这个培训活动能够顺利开展并且越办越好，最大的功臣是那些过去参与的教练，他们都抱着“以生命影响生命，努力传承”的心态付出，同时实践了不计个人利益来帮助他人成功的仆人式领导精神。我也非常感念，大家虽然都十分忙碌，仍然愿意拔刀相助，力挺这个课程，还会推荐其他好友来学习，目前我们教练已超过20位，这真的是群体的恩惠。

此外，也要谢谢一路在幕后支持的台湾中华大学管理学院、台湾东海大学EMBA团队，更感谢上课的学员们，因为你们的回馈激发我们不断改进，让这个课程越来越受到肯定。

* * *

因为希望介绍“长青常胜领导力”的培训课程被更多人认识，加上近年受到一些观念刺激，惯于默默低调做事的我，才逐渐兴起了出书的念头。第一个刺激是发生在2012年，我当初所就读的大安初中三年九班的同学们特别邀请导师马连琦和师母一起庆祝毕业45周年。

马老师早年以严格管教出名，许多父母都因孩子太调皮、不用功，而想尽办法把孩子送到马老师班上，我正是其中的一名。初中时，我参加了大安鼓号乐队和篮球校队，课外活动不断，也是老师的母亲就想办法让我在初三时转到马老师班上。虽然只是短短一年的时间，马老师对我的影响却很深远，是他激发了我对数学的兴趣。早年同学们也会因为马老师的号召，主动找些难解的题目写在黑板上，比赛看谁能先找到答案，很是有趣。

作为一个来自山东的汉子，马老师个性直来直往，体罚我们的时候绝对不手软。那次在台北的重聚，马老师特地带了一根鞭子出席，郑重向所有同学道歉。他解释说，后来到美国继续进修教育，才知道当年对学生的体罚是过度了，为了表示歉意，马老师请在场当年受到伤害或还记恨的人，可以拿鞭子回打他。

马老师的谦卑，让我当场红了眼眶，万万想不到，当年那位个性霸气到人人敬畏的马老师，竟然会在数十年后展露出铁汉柔情，而且愿意为自己当年的体罚方式道歉，此一领导风范着实令人敬佩。正因为看见了马老师这样的转变，强化了我想通过教学来传承经验，以及把经验写成书来帮助别人的意念。

第二个刺激则是来自2016年初，为了提升领导能力和丰富上课内容，我报名参加了约翰·麦克斯韦尔在网络上了一系列的课程，并于同年8月前往美国佛罗里达州参加3500名同学的结业典礼。典礼上，约翰·麦克斯韦尔提议在场每位学员开始着手写一本述说自己故事的书传承给家人朋友。

结合马老师激发我想传承的意念在先，后来又有约翰·麦克斯韦尔的激励作为临门一脚，我才决定将自己的成长过程，以及不同阶段对领导力的领悟与体会，逐一整理写成这本书。

我想传递给读者三个主要观念。

一、永远不会太迟、永远不要放弃

我的成绩从小学到大学一直都在中间大幅震荡，没得过什么奖状，真正的改变是从攻读博士学位开始的，那时我已28岁。后来进入职场时我已经32岁，许多跟我差不多年纪的人都已有十年工作经验，但我却能在杜邦这样知名的跨国集团以20年的时间晋升到Top5%，连我自己都始料未及。而这也证明了一件事情，就是即使没有赢在起跑点，也不代表无法赢在终点，因此大家有梦就去追、想做就去做，永远不会太迟。希望大家在遇到挫折失败时能坚持下去，不放弃。

二、团队、团队、团队

套句广告词，因为很重要所以说三次，而我之所以特别强调团队的重要性，正是因为知道自己能力有限，需要有一级棒的团队做搭配来完成许多艰难项目。借由大家共同克服困难和达成目标的过程，不仅让成员们都能体验到团队得胜的喜悦，彼此的生命质量也因而得到提升。

三、没有人是不能被取代的

个人的工作保障不是来自“非我不可”，而是要致力做到“这个工作不需要我”。这是一个很颠覆常理的观念，但我这么说是因为过往的经验显示，唯有借助培养出可接棒的人，让“工作不再需要我”，我们才有机会往上晋升，或去做自己更有热情的事，否则就只会滞留在原有职位，因为那“非我不可”。

＊＊＊

最后我要感谢的人有约翰·麦克斯韦尔，他让我在25年前就被领导力吸引；也要感谢几位曾经在职场上给我不同机会与鼓励的老板们：Mike Mobley、Don Orth、Ed Moore、Wally Kremer、陈锡安、Steph van Kemenade、胡正隆、徐旭东、BC Chong、刘维琪。我从2013年开始参加全球领袖高峰会（Global Leadership Summit），很受激励地看到那么多很有成就的领导者在不同的岗位上发挥了巨大的影响力。

还有一个最重要的人要特别感谢，那就是40多年来一直支持我的Eerine。她的成绩一直比我好，念的都是第一志愿的学校，思维比我周密，事情不做则已，一旦做起来必全力以赴、追求完美。毫无疑问，依照Eerine的资质和能力，绝对可以在职场上表现亮丽，但因为我的工作不断调动，嫁鸡随鸡的她选择放弃了她自己的事业前程，随我因公奔波迁移。

此外，她的高标准也的确让我在许多事上加把劲、多发挥了一些潜能。若要悉数我这一生创造过的佳绩、拥有过的成就、做过的成全他人的美事，过程中都必然可看到Eerine的身影，所以由衷感谢上天赐予这么一位好伴侣，让这位才德兼备的女士成为我最得力的帮手！

RECOMMENDED

推　荐　序

生命影响生命的领导力

永光集团荣誉董事长·陈定川

在环境巨变之下，台湾的企业和大学正面临极大的挑战，譬如，人才短缺使得企业竞争压力剧增，少子化问题引发学校经营愈加困难。对于外在环境的变化，虽然我们无法控制，但是如何在风浪中，仍能坚持信念价值，带领团队走出重围、闯出一片天地，则是每一位领导可以努力的方向。

近日张平康教授来访，邀我为他的新书写序。拜读后发现，每一段文字的叙述，都是他每一阶段生命历程的领悟与体会，能够带领读者开拓人生视野，挑战更高层次，进而达到“生命影响生命”的领导境界。

张教授曾在多家跨国企业、多个地区担任高阶主管，也从事顾问工作及大学教职。他不仅在专业上学有专精，对领导学及品格教育更有独到的见地。多年前，他在苏州亚东工业担任总经理时，就曾主动请永光集团协助推动品格教育；其后受邀到台湾中华大学开设“职场软实力——

品格教育”课程，又再次邀请永光集团参与。张教授深刻认为品格是奠定一生的基础，不管他身在企业界或是教育界，都能坚持理念、身体力行，并致力推动品格教育，是一位难能可贵的领导。

本书是张平康教授将经营企业的丰富经验，结合企业成功之道的研究心得，以实务案例、说故事的方式，归纳出领导力养成的21个关键，包括：一个基本信念、两大必备能力、三根核心柱子、四度空间视野、五个成长阶段、六种价值面向。篇篇精彩生动，引人入胜。其中，张教授提出的基本信念，犹如生命的灯塔，当我们清楚知道“这一生要追求的是什么”“想要成为怎样的人”，就能朝着目标前进，创造精彩的人生。

张教授将品格、伦理和仆人领导比拟为三足鼎立的三根柱子，是领导力的核心，缺一不可。他也将信仰、专业、家庭、健康、人生与变革六种价值面向，视为人生的六块版图，能够串联出丰盛而有意义的人生。这些也都是我毕生所追求、努力实践的方针，深有同感。

熟读本书，将对个人生命内涵有所提升及补益，是以乐于为之写序推荐。

RECOMMENDED

推　荐　序

从一时的客户，变成一生的挚友

瑞泰纤维工业股份有限公司董事长·刘胜男

我与张平康博士的友谊已长达20多年。相识之初，张博士担任杜邦公司副总经理负责莱卡（Lycra）弹性纤维事业部，是我们公司主要的原料供货商。虽然是纺织门外汉，张博士努力学习及用心帮客户解决困难的热诚，却令人印象深刻。当年，我们就是依靠张博士的积极协助，方能突破层层困难到欧洲参加大展，让世界看到台湾的精品。

凭借那次共事经验所建立起的革命情感，我们的交情便从单纯业务往来，晋升成为无话不谈的好友。转眼间，张博士离开纺织业已超过十年，但他仍持续关心我们公司的未来发展及挑战。多年前，张博士主办一个“领导力论坛”，还特别邀请我们公司去分享拓展企业版图到海外的经验，希望借此激励台湾中小企业的老板们拥有长远的眼光与目标，并且建立一心的团队，以及打造出一个关怀员工及社会的企业文化。

当张博士提及，想将多年来接受的领导管理训练，结合在职场的精彩历练，以及近年在学术殿堂从事教学研究的心得，整理成一本有关领导力的书以兹传承，我就一直鼓励他，也非常期待，而今看到该书问世，再一次让我见识到张博士积极实践目标的动人精神。

在书中，张博士很有技巧地用“一个基本信念”“两大必备能力”“三根核心柱子”“四度空间视野”“五个成长阶段”“六种价值面向”，不只把领导与管理带入工作层面，更包括了家庭层面及生命的改变。书中所描述的道与术，不是好听的理论或口号，是我们所认识的张博士及他领导不同团队总结出来的实战经验。

张博士不断秉持着“仆人式领导”的精神为社会服务。感谢他主持的“长青常胜领导力”训练营，过去几年也帮我们公司培训高阶主管，更在公司的治理和待人处事各方面，毫不保留地提供宝贵建议。我个人亦感到十分有幸能与张博士从一时的客户关系，凭着相互提携而变成一生的挚友，所以在期许此书能为广大读者带来愉悦的阅读经验、提高管理领导才能，以及带来生命改变的同时，相信大家也必能从字里行间和每个管理小故事里，感受到张博士对人对事的细腻用心，以及其善于化领导于无形的深厚功力。

RECOMMENDED

推　荐　序

落实书中精髓，累积个人智慧

台湾中华大学校长·刘维琪

这是一本有特色的领导力书籍，在论述方面，本书至少有两项特色。第一个特色，作者认为“长青常胜领导力”讲究的是一种“影响力”，也就是强调领导者与被领导者之间的相互感召与相互信赖。第二个特色，本书提出领导力“三根核心柱子”的概念，领导力的三个核心分别为“品格”“伦理”与“服务式领导”。其中品格是一个人的基本素养，伦理指的是企业伦理，也就是企业的品格，而服务式领导讲究以德服人，所谓“长青的常胜领导力”其实就是品格的淬炼与展现。

首先，影响力是领导者人格魅力的发挥，也是人与人之间互动的结果，它不单只是长官对下属的向下领导，还包括下属对长官的向上领导、同事间的横向领导，以及自己对自己的自我领导和自己对众人的360度动人领导。同时，影响力不仅可应用在企业组织，还可应用在家庭、朋友、社会等领域，显而易见，“长青常胜领导力”适用的范围相当广泛。

其次，本人相当认同“长青常胜领导力”就是品格的展现。多年前，美国乔治敦大学艾德格·普伊尔（Edger F. Puryear, Jr.）教授，写了一本《为将之道》，探讨成功将领的领导特质。普伊尔教授访问了上百位美国四星上将、千余位准将，以及一万多位曾与这些将领共事过的人士，最后得到一个重要的结论：战场上的士兵为何愿意听从将领指挥，正是因为士兵相信将领的人格，故愿意为其出生入死，因此领导者的品格就是成功领导的关键因素，而这些品格是可在后天环境中培养教育与自我要求的。

本书的观点，全是作者张平康教授三十余年来工作的体会、参加领导力课程受训的领悟，以及近年来讲授领导力课程教学的心得，书中举出许多实例便于读者了解，是一本实务重于理论的佳作。更重要的是，张教授对“长青常胜领导力”的每一项诠释，都是他深信且能亲自实践，且张教授本人就是一位诚信、正直、无私、果断的领导者，在台湾中华大学任教期间，教师同人都对张教授非常敬重，也愿意接受他的领导，这就是张教授个人影响力的表现。

张教授还认为“长青常胜领导力”可以把人生的版图串联起来，其中包括个人信仰、职场/事业、家庭/爱情、身心的健康与平衡的人生，且可通过不断地自我反思带动正向变革，迈向丰富的人生。当然，这些都有待于读者们阖卷后去逐一亲自验证，借此积累丰厚的经验和智慧，方能摸索打造出自己的一套领导风格。

RECOMMENDED

推　荐　序

以服务式领导为学习典范

台湾东海大学校长・王茂骏

在人与人的互动中，领导力是一项重要的基本素养，在人生不同的阶段，无论在学校、家庭、职场、社会团体等，具备领导力是发挥影响力的关键软实力，可以为所属团体带来正面的贡献。

台湾东海大学非常重视学生的博雅学习，以多面向方式，帮助同学在品格与领导等软实力上有所成长。每年为了迎接新生的大学入门活动，学务处都会培训300位同学担任α-leaders及Seniorα-leaders；劳作教育处每年培训150位同学担任劳作小组长及区队长等；博雅书院每年为120位书院生做领袖课程教导及服务实践的操练；学务处每年对100位宿舍栋长及150个社团的领导及干部，提供领导力方面的训练课程；学院亦规划了5门Global Leadership课程，当作每位学院学生必修的基础课程。

张平康博士是台湾东海大学第十六届化工系校友，曾在美国杜邦公司等跨国企业集团担任高阶主管多年，自职场退休后，委身于领导力的培训工作，将他在职场积累的实务经验及在培训课程中的观察与心得，整理撰写成书。张博士以简洁的文字、清晰的架构，阐述领导力养成的21个关键，包括：一个基本信念、两大必备能力、三根核心柱子、四度空间视野、五个成长阶段、六种价值面向，在每一个章节中都辅以自己担任高阶经理人的亲身经历，来说明领导与管理的理念，让读者获益良多。

领导是一项艺术，也是一门终身要学习的功课，这本书提供很好的领导价值观及实践原则，是领导力养成的必备手册，值得时常阅读及反思，在此推荐给大家。

RECOMMENDED

推　荐　序

品格，让领导更有影响力

“We Love来会克”节目主持人·卢克文

近几年与平康兄的互动较频繁，从“长青常胜领导力“课程的认识与合作，到台湾中华大学内通识课程规划“品格课程”开创台湾的大学界新例，他的妻子逸人姐也投身其中，一起为台湾下一代孩子们的觉醒而齐心努力，让人敬佩与羡慕夫唱妇随的榜样。

这本书的出版，是Thomas的精彩人生写照，也为他在跨国企业多年的精髓给予整理，最后再以平实的陈述方式帮助读者牢记领导精义。例如，他分享关于团队突破创新的主题，你会发觉那正是台湾现在面临的瓶颈与关卡，而问题的症结也正如他在书中所提，是在于“太多的管理、太少的领导”，因此Thomas分享的诸多领导实例，都是跟如何用心领导团队有关，而这亦是我与他都认同的“生命影响生命”的最好模式。

本书当中提出领导力养成的概念，从“一个基本信念”——本质，到“两大必备能力”——管理/领导的奥义，还有“三根核心柱子”——品格/伦理/服务式领导，再用长/宽/高/深的“四度空间视野”，而他也整合了约翰·麦克斯韦尔大师的认同在他“五个成长阶段”——自我/向上/横向/向下/360度动人领导上，这些皆是你我学习领导的必经之路。

最后一个就是最重要的“六种价值面向”——其实更是人一生真正效果的所在，亦即要在领导上体现个人的价值核心，结合职场的经历，并在冲刺事业的同时也顾及所爱的家人与人生伴侣，乃至于达到身心的平衡与健康，并认知与实践它，最后再将一生所做的变革火种传递给下一棒。

Thomas在这本书中不是要教导什么艰涩大道理，而是想唤醒每一个你和我。我们似乎都在这混沌的世界，看似充满机会的大千世界中奋战前进，而Thomas最想分享出来的就是领导于无形，而不是用尽方法做管理；他鼓励大家追求的也不是什么成就与勋章，而是要提醒你坚定信念，因为那不仅造就现今的你，还会继续影响未来的你。

回想一年多前，得知Thomas打算写一本书，我就在想他应该是要以一个融合中西方的宏观思维，协助读者们反思当今华人文化中的领导现象，并且将其一生的跨国领导经验，以及活到老学到老的喜悦给整理及分享出来。我有幸在Thomas萌生写书想法之际，便扮演从旁支持和牵线的角色，当时我特别介绍记者背景出身且目前自营出版社的好友魏棻卿给Thomas，也因此促成本书的出版。

哈佛商业评论HBR在针对2016年全球最佳执行长的调查当

中，以追踪大数据分析出四项重要的领导特质：(1)快速坚定的决断力。(2)发挥让人投入参与的影响力。(3)积极调整的顺应力。(4)履行承诺的可靠度。以上四项重要特质可供读者自我评估，发现不足就抓紧努力学习与实践，同时也鼓励领导用这些指标打造团队，而且我们很容易就可以发现这四项重要特质，在我们周遭许多杰出领导的身上也多少看得到。

更有趣的是，你是否也看出这四项重要领导特质，亦是“勇敢、坚持、热情、真诚、机警、主动、尽责、果断、专注、主动及敏锐”等各种品格的整合？过往因为在宏达电HTC服务长达12年，我常常有机会到校园推广品格教育。在初中分享的品格主题叫作“品格好好玩”，在高中叫作“转大人的契机”，在大专院校与EMBA课程叫作“职场的品格竞争力”，在企业界则名为“改变未来的一堂课”。而我之所以会代表宏达电，长年不间断地四处分享品格的内涵与重要性，就是希望社会大众重视品格与人品带来的关键及深远影响。

身为结识十多年的好友兼伙伴，我眼中的Thomas总是温文尔雅，并散发着一种令人感到平静安稳且有确信的力量，这样的他，在书中谈及各个领导面向，重点也不在于给答案，而是借此邀请我们一起深入探索和思考，所以就让我们跟着Thomas的这本书，一起发现生命的价值与喜悦的过程吧！

INTRODUCTION

导　　读

领导力养成的内涵和重点

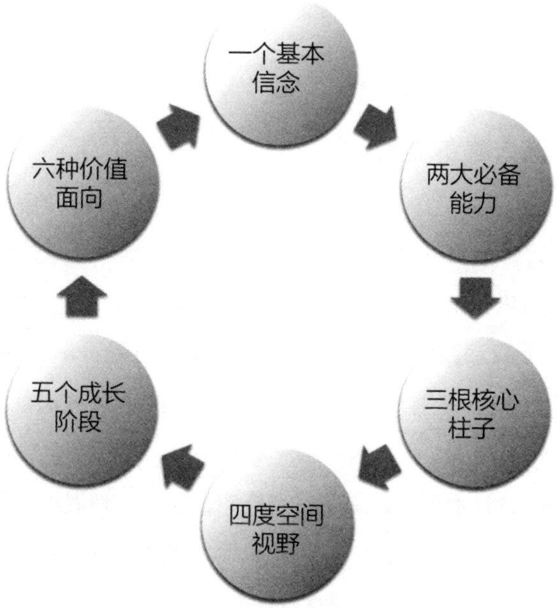

一个基本信念

我始终有一个最基本的信念（One Fundamental Belief），那就是相信绝大多数的人内心深处都渴望事业有成、家庭美满、一生过得有意义，那不单是我们的初衷，也是不断追求成功未来的动力。因此希望读者在一开始就先自我厘清，这一生想追求的是什么，追求那些的动机与目的是什么，因为越清楚知道为何而活，就能活得越精彩。

两大必备能力

美国南加州大学领导学院的 Warren Bennis教授曾指出，大多数失败的组织是因为过度管理而缺乏领导。换言之，任何一个成功企业皆须同时注重管理与领导，缺一不可。所以我在书中也主张，每个人都应培养两个必备的能力（Two Essential Abilities）：一是管理，二是领导。管理的重点在于制订计划预算、支配组织资源、执行计划解决问题。

哈佛商管学院的领导变革大师约翰·科特（John P. Kotter）教授曾提醒，MBA教育过去超过95%的重心都放在“管理”上，而忽视了“领导”。因此，我们还要学会领导的重点，就是在于建立愿景方向、培养企业文化、激发动力鼓舞士气。整体来说，我们会在本书中比较多地讨论关于领导方面的内涵和实践。

三根核心柱子

可传承的“长青常胜领导力”有三根核心的柱子（Three Core Pillars），那就是品格、伦理、服务式领导。品格（Character）是一个人的基本素质，它决定了这个人在任何时候响应人生处境的模式。同样的，领导者本身的品格也影响到他们是否可以得到跟随者的完全信任。伦理（Ethics）则是在一定时空背景与环境下，组织提出的一套价值观与行为准则，指出了什么是对的、什么是错的、什么是好的、什么是恶的。譬如美国的内战就是因为南方认为拥有奴隶是可以的，但北方则认为那是剥夺了个人自由，双方因为价值观差异而大打出手。其实企业伦理，譬如对廉价劳工的看法也是会随着时代的不同而改变，如何恰如其分地应对和不走偏，确实是个挑战。

四度空间视野

持续拓展四度空间（Four Extended Dimensions），也就是长、宽、高、深。长是拉长焦距，研究指出能越早训练自己把眼光放长远的人，成就会越大。宽是拓宽格局，具备不同的经历方能以多种不同角度看待事物且具有同理心，包括了解文化差异与具备国际视野。高是提高思维，避免见树不见林。因此建议读者训练自己提高两个层级来看问题，再比较一下和原先视野有何不同。深是扎深根基，世上的各种困难与诱惑很容易让人误入歧途，品格就如一棵大树的根，虽然在地表上看不到，但根是否够深、够健康会决定这棵树的枝叶是否茂盛，是否可以结出许多果实。

五个成长阶段

领导的养成会经过五个阶段（Five Building Stages）。第一阶段是自我领导与管理，在想要领导别人前，必须先学会自我领导和被人领导。也就是从认知自己开始，确认想当领导的动机与初衷是什么，而且在这个阶段就需要培养自律、不随便的品格。

第二个阶段是向上领导，而不是多数人主张的向下领导。如果我们经常能把工作做到超越上级期望，他们就会被我们的主动、勤奋、诚实、顺服所感动而受影响。因为领导力就是影响力，结果就是成功地向上领导。

第三个阶段是横向领导，在组织里还没有下属可管，如何用诚实、热诚、可靠、尊重来赢得同事对我们的信任，就是这个阶段的挑战。

第四个阶段才是向下领导，这时的关键在于能否让下属感受到领导者应有的智慧、明辨、果断、公正。

第五个阶段则是360度的动人领导，成为众人的光不仅能照亮方向还能散发热量。

六种价值面向

追求“长青常胜领导力”能帮助我们把人生六种价值面向的六块版图（Six Key Elements）串联起来，实现并享受既丰盛又有意义的人生。

第一块版图是信仰 / 价值观（Spiritual）；第二块版图是职场 / 事业（Professional）；第三块版图是爱——家人 / 朋友（Love－Family / Friends）；第四块版图是身心健康（Health）；第五块版图是平衡人生（Personal）；第六块版图是变革种子（Transformational），意思是不但要传承，更要成为“乘法”领导，带动息息不断的正向变革。

CHAPTER 1

第一章

领导力养成之 一个基本信念

何谓“长青常胜”？

其实只要发现今天的自己或企业比过去更进步，

或只要能够做出正面的改变，那就是一种胜利，

因为一个人只要有进步就会影响到团队，

我们会更知道如何正向地引导团队，

如何与大家同甘苦共患难，愿意牺牲小我完成大我。

领　导　力　养　成　之

一　个　基　本　信　念

一

“长青常胜领导力”的本质

▶ 定义自己眼中的“胜利”

什么叫作“长青常胜领导力”？从字面上的意义来看，就是依靠领导来达到企业长青和常胜的目的。但问题是，真的有哪一家企业可以永远立于不败之地吗？当然不可能！同时我也不认为，任何一个人可以永远不失败。因此对长青常胜的定义，应该是不管在好或不好的景况下，都能够走出一条活路来，都能够更进步。

换言之，常胜就是今天一直比昨天好，只要发现今天的自己或企业比过去有进步，便是某种层面的胜利。人生多变，总会遇到顺境与逆境，如何从困境中走出来？我会分六大章节来一一探讨和分享，让每个读者都能够从这本书中受益。

首先，常胜与否，其实也跟企业或个人对胜利的定义有关。以自己为例，我眼中的胜利就是行事原则要符合信仰，并且相信自己真的已经尽力，即使最后的结果不尽理想，但无须后悔。很多时候，我们深知自己是在做一件对的事情，譬如我现在从事“百年树人”的工作，结果未必能在短时间内看到，因为影响力的发酵需要时间与环境，但造成改变的后果可以非常大。

就拿早期在台湾中华大学推动“长青常胜领导力”培训的经验来说，身为主办方，当然会希望吸引越多学员来上课越好，但实际情况总是比心中期待的人数少。我们曾经感到失望，也努力检讨过为什么培训课程叫好却不叫座，后来才慢慢重新反思并且把培训的愿景目标调整成——为有心变革成长的领导与企业提供有效实用的培训。

在上述的愿景下，教练团形成了一个共识，就是每次的培训课程只要能真正改变这些学员，即使只有一两位，那也很值得。一旦他们学到教练团展现出的领导精神，往后他们不仅会更懂得培养自己，还会开始培养下属，帮助每个人变成常胜将军或者说是常胜的团队，那么我们一开始所掷下的影响力，就会像湖面的涟漪般一圈一圈荡漾开去，越来越广。

换句话说，即使我们今天的教导只影响到一个人，但如果他是一个很关键的人物，足以影响另外的一百个人，那么便等同我们的教导也间接影响到那一百个人。

微小影响力也能带来巨大改变

我们相信，开设“长青常胜领导力”课程的关键不在于人数多少，而是能不能为学员的生活和工作带来实际改变。只要能够带来正面的改变就是一种胜利，因为一个人只要有进步就会影响到团队，我们也会更知道如何正向引导团队，如何与大家同甘苦共患难，愿意牺牲小我完成大我。

用个数字游戏来说明，微小影响力如能持之以恒，便能带来巨大的改变。如果每天增加1%的影响力，也就是每天只要进步1%，算算看1.01的365次方是多少？同样的，如果每天只少个1%，再算算看0.99的365次方是多少？答案揭晓！前者是37.7834，后者则变成0.0255。借此就可以清楚看到，只要每天多做一点，长久累积下来就会接近40，但是如果每天少做一点，剩下的就会几乎等于零了。

我们也可以把这样的算法比喻成影响力的发散。意思是说，只要我们去影响一两个人，每天不断这样做下去，最后所带来的影响力是非常大的；反之，如果认为每天只影响到一两个人算不了什么，而开始不去关心和接触他人，那么最后就真的会变成毫无影响力。所以在此呼吁每个人千万不要轻看自身的重要性，更不要忽略自己所作所为可能产生的影响力。有句非洲谚语非常传神："如果你认为自己太渺小，影响不到别人，那你一定没有和一只蚊子共度夜晚的经验。"所以不要轻估我们的影响力。

最后，再以"长青常胜领导力"培训课程为例子。当我们坚持办了一届又一届，并且在2017年移师到台湾东海大学之后，原先只计划在EMBA招生两个梯次，每个梯次人数都限制在30人，以便让教练团与学员间有良好的互动，后来应学员要求和正面响应，又陆续加开第三、第四梯次，也开始规划第五梯次中。这也再次证明，只要坚持做对的事、往对的方向前进，培训课程的影响力也会慢慢发散出去，吸引更多学员前来参与。

【右脑学领导】领导者的影响力可成倍数发散出去

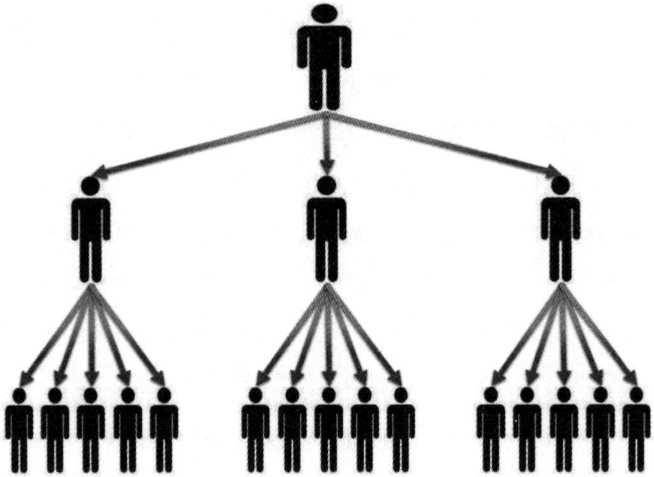

▶ “长青常胜领导力”的核心金三角

2015年美国管理协会选了30位最有影响力的领袖， 约翰·麦克斯韦尔名列第一，上榜的都是非常出名的企业老板或管理大师，例如，脸书的首席运营官雪莉·桑德伯格、美国前国务卿鲍威尔、通用电气前总裁杰克·韦尔奇、特斯拉电动车的创始人埃隆·马斯克，以及畅销管理著作《从优秀到卓越》的作者吉姆·柯林斯，等等。

约翰·麦克斯韦尔是全球知名的商业演说家。在分享“长青常胜领导力”核心金三角之前，先来谈谈他所提出的“五层次领导力（5 Levels of Leadership）”。

第一层是“阶级领导”——我是老板，下属只好听我的。意指公司给我们这个职位或是我们有个头衔，所以下属必须得听我们的。但约翰·麦克斯韦尔讲道，大家只是表面上听，我们看到的时候做一点，也不知道下属心里想什么，所以千万不要以为自己有多了不起。要认清楚大家敬畏的不是我们，而是我们的职位权力。

第二层是“关系领导”——下属听我的，因为他愿意。指的是当我们真的懂得去关心团队的时候，其实他们心里都会感受到。以前我是下属的时候，当我感受到老板是真心关心我，就会愿意为他多做一些，这是人的本性。因此约翰·麦克斯韦尔也强调说，我们身为一个领导，一旦把人与人之间的关系建立好之后，就可以算是提升到第二个层次。

第三层是“成果领导”——下属相信我，是因为他看到我能为公司带来好业绩。当一个领导者除了对下属付出关心之外，做出来的事情或对公司的贡献也同时让下属受益，那么大家就会觉得跟随我们真好，这就叫作成果领导。反之，若是在你领导之下总是毫无效果和成就感，那些有能力想成长的下属恐怕就会纷纷落跑，因此领导者还是要具备某种程度的执行力，才能吸引他人追随。

第四层是“乘法领导”——下属效忠我，因为他看到我栽培他成为关键人才。这个意思就是说，我们要无私地培养有潜力的下属，把他培养成很有用的人才。一旦下属知道老板在刻意培养他，那么自然而然就会更用心地工作，成长学习的动力也会变得更强，带来类似乘法一样的提升效应。

第五层是“动人领导”——下属敬重我且被感动，因为看到我是怎么样在领导并愿意成全他人。这是最高的领导层次，必须以身作则用实际行动感动下属，让他们从内心认同和尊重我们这样的领导者，继而激发出他们“有为者亦若是”的志气，关于这一点，我在“360度动人领导”一节中会有更多说明。

对应五阶层领导力的“长青常胜领导力”

依据约翰·麦克斯韦尔的五层次领导力理论，以及个人担任高阶经理人长达20多年经验，我主张以“品格”“伦理”“服务式领导”来作为“长青常胜领导力”核心金三角的三根柱子。

为什么特别挑选出这三项指标？品格是一个人的基本素质，它决定了个人响应生命处境的模式，也就是无论有没有人看或情境是好是坏，这个人的响应模式都是一致的。我们也可以把“品格”从个人层次推广到企业层次，而组织的基本素质指的便是企业文化、核心信念与价值。

过往念了很多书也研究过很多家企业，我发现那些长青常胜的公司之所以能够经营那么长的一段时间，而不会遇到大风大浪经不起考验就垮下去，主要的原因之一是那些公司的历任领导在强调员工专业能力之余，也同样重视建立包括品格的企业核心价值。台湾的永光集团就是一个很棒的例子，已荣退的创办人陈定川董事长就是在企业内推动“品格教育”的先驱，如今他虽已交棒，但重视品格的企业文化依然持续如初。

也因为对品格的注重，这些公司通常也会非常重视所谓的“伦理”，甚至把伦理视为公司的核心价值或企业文化。放眼海内外，很多具有历史的大公司，因为一心追求营运绩效而罔顾企业伦理，放任少数人借由投机的方式，将公司带往法律或道德的灰色地带，最后对公司造成重大且难以挽回的伤害。所以如何通过员工品格力的提升，以及企业伦理观念的建立，来达到公司永续经营的目的，一直是我们的教练在教导“长青常胜领导力”课程时所强调的重点。

至于“服务式领导”，指的就是领导者要对员工实行仆人式领导。这个看似牺牲自我的领导态度，其实最终的受益者还是自己，因为当我们身为位高权重的领导者，却愿意秉持着谦卑心态去带领员工，那么我们一定能够吸引到很多一流人才加入公司或团队，届时营运绩效自然能一路往上爬，迈向长青和常胜的境界！

【右脑学领导】五层次领导力 VS 领导者的培育过程

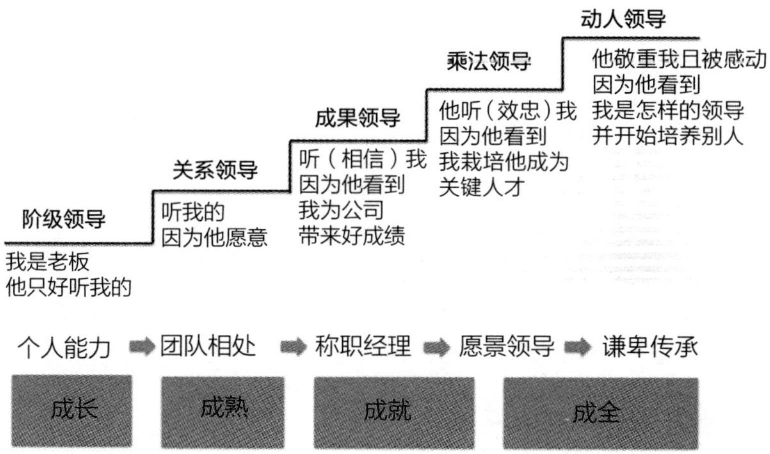

CHAPTER 2

第二章

领导力养成之
两大必备能力

“领导”重视大方向的掌握，
“管理”则是注重小细节的把关。
领导与管理如同胡萝卜与棍子的搭配逻辑，
实际执行时如何避免过与不及，
也就是何时该善用领导？何时又该祭出管理手段？
则有赖于个人的经验和智慧。

领导力养成之

两大必备能力

一

管理支配力

▶ 管理和领导的差异是什么

管理大师彼得·德鲁克曾说："管理是要把事做对，领导则是要做对的事。"其实20多年前自己刚成为高阶经理人时，从未想过要特意对管理和领导这两者做区分。

直到后来，看到哈佛大学领导变革管理大师约翰·科特提出的观点，他很厉害，33岁就得到哈佛大学的终身教授一职，他指出领导跟管理的内涵其实很不一样，同时也特别强调很多学校开设的课程，95%以上都是跟管理相关，只有不到5%是真的在教领导。

约翰·科特眼中的管理和领导，差别到底在什么地方？他说，领导是先要建立一个愿景（Establish Vision）与设定方向（Set Direction），之后还要能够激励下属（Motivate / Inspire），让他们愿意跟着你一起朝着那个愿景前进。因此简而言之，领导最重要的就是做好这三件事：建立愿景方向、培养企业文化、激发动力鼓舞士气。

相较之下，管理强调的则是通过有效分配来解决问题，像是如何建立制度、规划流程、分配资源、优化组织架构以及人力分布。因此管理最关键的三件事就是：制订计划预算、支配组织资源、执行计划解决问题。

任何一个企业或团队都需要领导也需要管理，缺一不可，只是过去我们都太强调管理，觉得那比较容易教导，加上领导的本质比较强调“带人要带心”，若非领导本身就具备一些社会历练，还真是没办法那么快就顺利赢得下属的心。

多年带领不同团队的亲自体验，正好有助于检视自我，让我发现自己比较偏爱领导，喜欢挑战新的事务，解决不同的难题。对于管理，需要掌握很多经营细节，还要有耐心，我却是粗枝大叶，忽略细节，而且习惯且战且走。所以在强调管理的企业里，我就会适应得比较辛苦。但幸好也不是完全做不来，接下来就分享一些过往在管理层面上颇有成效的做法，提供有心在管理方面力图精进的人作参考。

【右脑学领导】哈佛大学教授约翰·科特指出管理和领导之差别

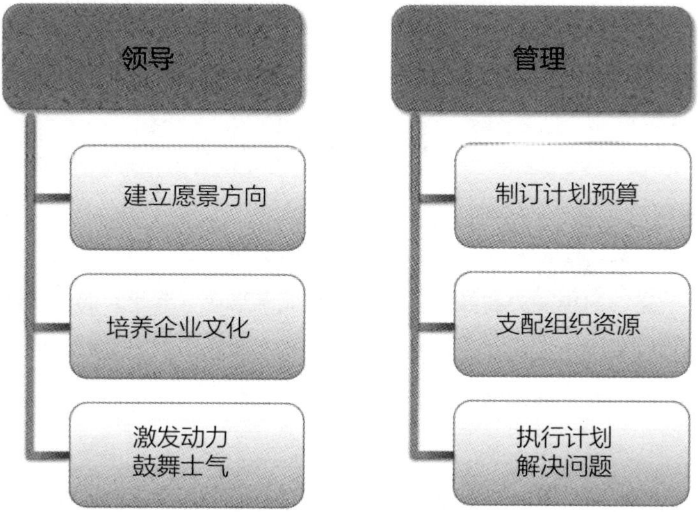

▶ 支配小事，有时也能成就大事

我以往带领过许多的团队，他们主动性强，而且大多具备一定的职场能力和经验。后来带领亚东工业（苏州）的团队，相对来说比较被动，以至于身为总经理的我常常要亲自盯一些细节，而注意细节正是我的弱点。

当时我很清楚，身为管理者的首要之务就是：不断确认公司在管理上有没有欠缺之处，并且适时采用一些新的想法和做法。因此有一段时间，当我发现基层员工的工作绩效不彰，为了找出原因及解决之道，我想出了一个在当时看来是创新的制度，那就是跨过中阶主管，直接与基层员工开圆桌会议，一年两次，每回会跟二三十个员工见面。

为了避免基层员工因为有上级在场的压力而不敢畅所欲言，我还会事先要求他们的部门主管不准在现场，只有一位人事部门同人在场做记录。接着便把基层员工提出来的所有问题，无论是做得到的或是做不到的，通通仔细听过一遍，除了力有未逮的部分必须请员工包涵，其他只要是公司做得到的，像是冬天夜班工作餐几乎都变成冷食，以及员工家人短期来访的住宿问题，我都一一尽力去满足。

当时的改善程序是，首先告知厂务说，基层员工对夜班工作餐有意见，请他们无论如何都要想办法让夜班员工吃到够热的工作餐。之后，为了确认改善情况，我不止一次刻意在半夜亲自进工厂与晚班员工一起用餐，发现厂务的确用心在解决问题，加上也听到员工反映说“对，确实有改进！”，我才把这个管理环节视为已经有所突破。

其次就是宿舍的问题。当时有很多基层员工都是外地来的，碍于公司宿舍有男女分开住的规定，有些已经结婚生小孩的男员工，难得碰到老婆带小孩来探望，却无法共处一室，因此感到十分苦恼。得知这样的困境后，我特别与内部其他主管讨论，考虑外地的员工为了多赚些钱，常常有半年或一年的时间也难得回老家跟妻小相聚，所以后来，公司就特别安排了一区给短期来访的家人可以共处一室居住。

诸如此类的人性化制度，在当时的大陆是比较少见的管理方式。我本身也蛮喜欢当初这个圆桌会议的概念，借此不仅可以提振一线员工的士气和工作绩效，也间接示范给部门主管多花一些心思在下属身上，可以赢得员工的心，从阶级领导提升到关系领导。

圆桌会议（Round-Table Conference）

圆桌会议的概念起源于公元5世纪，相传是英国的亚瑟王召集骑士们开会时，不分位阶高低、围着圆桌而坐的一种会议形式。圆桌会议的举办，主要在于体现与会者一律平等的精神，且普遍遵守四大原则：不论位阶人人平等、对事不对人、非多数决、可只做结论不做决定。

▶ 激发员工参与，看到魔鬼藏在细节里

美国杜邦为了开拓中国台湾市场，曾与远东集团以50：50的比例合资开了一家专门生产纺织用尼龙66纤维的工厂，并指派我为第三任总经理。虽然在此之前，已经先后担任过杜邦台湾区副总经理、杜邦亚太区营销总监等高阶职务，大格局的管理和领导经验都不算陌生，但要管理工厂及负责全公司盈亏的这种挑战，倒是第一次碰到，内心既忐忑又充满期待。

在这家公司待了3年，不仅成功让工厂每年都创盈利佳绩，偿还巨额的债务，还曾经推出一系列生产流程改进计划。当时我制定了发放奖金的奖励制度，鼓励全体员工提出任何有关生产流程的改善计划，只要评估可行并且发挥出实际效益，我们就一律颁发奖金，而且奖金多少还会与其带来的成果成正比。

推动之初，见大家不怎么热衷提意见，我就跟人资部门讨论改变游戏规则。后来公开呼吁员工先不管意见好不好，凡是能在两周内提出超过五个改善方案的人，公司就会颁发奖金。

先求有再求好，虽然后来什么稀奇古怪的意见都有，很多也未必可行或合理，但至少成功激发出员工的参与感，以及愿意脑力激荡的热情。

有了量的累积之后，接下来就是对质的要求。第二阶段的奖励制度就比较严格，要求员工提出来的方案，必须架构在现行的基础上去做改进，而因为已经有过第一阶段的暖身，大家在第二阶段提出来的方案质量确实提高许多，也更具体可行。

比方说，工厂的生产流程中丝断了，怎样可以更快地把丝接起来？或是工具怎么摆放，最能有效提升他们的工作效能？又或者说，库存要怎么管理才会更有助于产品调度？等等。每一项建议都是员工的工作体悟，因为他们位居第一线，再怎么说都会比管理阶层更清楚工厂运作的细节。

帮员工变相加薪，提振全体军心

身为领导者，千万不要小看员工从经验中累积出的智慧结晶。当年员工提出的建议，有不少在实际执行后，为公司省下数万到数十万不等的成本，当中一项提案甚至为公司减少上百万的支出，提出者因此按比例获得数万元的奖金。更重要的是，工厂的生产效率和良品率也因此提高许多，劳资双方皆大欢喜。

此外，公司不到200人的规模，但层级多了些，导致管理效率不彰，在与核心管理团队讨论后，我们尽量采用遇缺不补的方式。有些员工离职后，其原先负责的重要工作内容就分给其他人，不重要的部分也趁此做调整，不再浪费人力做不重要的事情。经过一次次的层级精简，虽然不少人的责任变重，但多了挑战及成长的机会，薪资水平也相对应地往上攀，取得了多赢的结果。

其实无论是运用奖金制度，激励员工提出生产流程改善建议，还是通过组织扁平化的方式，让大家都有机会提升工作的效率并且可以加薪，在从事管理工作的时候，最不可或缺的资源除了人当然就是钱。只不过说到了钱，很多老板或管理者最常犯的一个错误，就是自以为有钱是老大，动辄以钱胁迫员工，对外挖角也以为只要砸大钱就可以“钓”到想要的人。导致忽略了对员工的基本尊重，也没有好好珍惜已经与企业共同打拼一段时间的员工，使其失去目标及斗志。

反之，只要能够建立一套公平公开、赏罚分明的制度，同时提供员工一个合理的薪资计算基准，那么拿钱当管理筹码的这件事，听起来非但不会令人感到俗气，实际运用中还会是一项非常“有效”的利器喔！

在这家合资企业能反败为胜，屡创佳绩，我必须要非常感谢那时的管理团队，包括生产、销售、财务、研发、人资和厂务。他们的专业、关注细节，以及执行能力真的是一流的。我会把所有的成果归功于领导与管理的理想搭配。

▶ 预设纪律红线，对团队信任却不放任

管理与领导很大的一点不同，就是在于管理比较讲究规范和纪律的执行，注重小细节的把关。领导则重视大方向的掌握，比如，怎样赢得团队的信任，然后踏上变革的旅程。

通常只要是在可接受的范围内，我不太会干预员工做事情的方式，也大多对他们抱持信任的态度。但在带领亚太区业务团队期间，碰上一个缺乏团体纪律的员工，迫使我不得不出手整顿。

那位业务经理毕业自上海的名校，业务能力在团队中不算特别突出，但能够考上那所顶尖学府，肯定是个聪明人。他表现于外，总是一副吊儿朗当的模样，每到业务部门的开会时间，他不是经常严重迟到就是以跑业务为名缺席。

通常而言，我不会因为员工犯一次错就采取严厉措施，但如果违反的是公司核心价值，犯一次，欢迎关系就结束了。针对他的缺席情况，我当时的做法是先找他谈，给改过的机会。后来再犯，还是一样找他来谈，再给一次机会。常言道“事不

过三”，当我发现他没有改变，就没办法再宽容了，决定采取更果断的方式来解决问题。

我当时感到生气的原因是：第一，他不尊重我，都已经告诉他那么多遍还是不听；第二，我不是一个无法沟通的人，若真的有困难，可以事先讨论，但他却没有。因此我认为，不守时或是该做的事情没有尽力去完成，便显示他没有把工作放在心上，既然如此，就更不应该让负面的态度影响到整个团队。我决定快刀斩乱麻，通过人资部门请他自我辞退。

适时断舍离，以免影响团队士气

通过这个案例想分享的一个观念是，必要时候，在管理手段上也要懂得“断舍离”，以免后续出现夜长梦多的情况。什么样的夜长梦多呢？就是因为他个人对工作的不尊重和不认真，影响到整个团队的士气和效率，如此一来，可就真的会让人身陷管理窘境了。

而我之所以那么重视出席业务会议，原因是很在意同事之间的互动交流。每次开会不外乎目的（Purpose）、流程（Process），以及产品（Product），也就是管理术语上讲的3P。目的和产品，相信读者们都很清楚。流程则是指开会过程中，大家会彼此分享一些在商场上或客户间碰到的问题，或听到什么最新的市场消息等，因此一旦有团队成员没出席，别人就少了他这一块的信息，影响到公司对整体市场的评估，进而影响业务决策的精准性。

再者，如果能够听到其他同事的意见和信息，也会对自己的业务瓶颈有所突破，或者知道该注意哪些竞争对手，对团队成员们来说都是一大裨益，况且我并不是喜欢没事就开会的人，所以对每一次的会议都是看重的，也严格遵守开会的时间表。若要再把话说得严肃一点，我甚至认为，身为团队一员，参加定期的业务会议不仅是义务，更是某种程度上的一种承诺，因为这是工作责任之一，不但人到，心也要到。

当一个员工对自己的承诺没有遵守，等同让人失去信任感，之后便很难继续共事了。而也正因为不希望轻易对员工失去信任，所以会预设纪律红线，让大家的行为准则有所归依。当大家都可以在被信任却不放任的范畴内，尽情地自由发挥潜力，那对管理者来说，便是管理上的最高境界！

领 导 力 养 成 之

两 大 必 备 能 力

二

领导影响力

▶ 不只学管理，更要学领导

自1948年，美国知名杂志《经济学人》发表出“胡萝卜与棍子”理论后，此语不只被收录进《牛津英语词典》增订版，还被商业界和教育界广为使用。

该理论主张，如同要让一头驴子不断往前走，除了使用传统的棍子鞭打方式，还可以在驴子的前头绑一根胡萝卜来作为诱因。同理，无论是身为企业经营者还是教育工作者，想要促使一个人的行为出现改变，最好的方式亦是奖励与惩罚的手段并用，也就是所谓的“赏罚分明”。

我会先从这个理论开始谈起，是因为从某个角度来说，领导与管理这两件事，其实也很像是胡萝卜与棍子的搭配逻辑。至于实际执行时要如何避免过与不及，也就是何时该善用领导？何时又该祭出管理手段？则有赖于个人的经验和智慧。

有不少企业失败的主要原因是过度管理。上位者管得太多，使一些本来有潜力发挥的下属感觉束手束脚，最后都变得不愿意去尝试，即使脑中偶有新点子出现，也会因为担心多做多错而宁可闭嘴。况且，在惯用权威式管理的人底下做事情，听命行事总是比较简单，也是生存的不二法则，试想在这样的氛围下，谁还会想要冒险呢？

一个真正比较理想的弹性做法是，回到个人或团队本身，依其个性和素质来因材施教；面对刚进公司的员工或新成立的团队，除非成员们已经非常资深且有经验，不然的话可能就需要多一点的管理，但这个带领的过程就像带孩子一样，必须随着员工或团队的成长，慢慢学习信任和放手，继而以领导的方式来带领。

从这里到那里，并非一蹴而就

领导者最大的挑战之一，就是要看见别人没看见的愿景，用愿景吸引大家跟着你的引导一起向前走。一个领导者没有跟随者，就不能算是一个领导者。

当大家知道前方可能有危险，甚至不确定前方是否真的有新大陆的情况下，仍然愿意冒险跟随，这就代表对你个人有足够的信心。要知道这样的信心绝非凭空而降，而是在过往一次又一次合作经验中点点滴滴建立起来的。

无论是教MBA班课程，还是受邀担任企业界的咨询顾问，一讲到领导观念，我总喜欢借用全球领袖高峰会活动中“从这里到那里”这句话，挑战在场每一位学员，请大家自我评估和思考一下：当你面对一个充满变数的未来，又必须带领团队往前走的时候，第一，你有没有这个担当？第二，你有没有办法说服大家跟随？第三，你能不能解决大家的担心？

如何让大家都明白，改变虽有风险但不改变会更糟糕，这些都是当一个领导者，必须带领大家一起去面对的事情。另外要特别提醒的是，往前走的过程中，领导者必须保持耐心，也必须下定决心，一方面，让大家心甘情愿和死心塌地地跟随你；另一方面，对于一些打死都不动或是唱反调的人，则要及时做切割和取舍，如此才有机会带领绝大多数人，通往起初所看见的蓝海愿景。

【右脑学领导】从这里到那里的自我提问

Q：你有没有这个担当？
Q：你有没有办法说服大家跟随？
Q：你能不能解决大家的担心？

▶ 领导力的十大检验指标

为了更加胜任领导者的角色，过往至今，我投入非常多的努力和专业进修。其中，有一套约翰·麦克斯韦尔的系列课程很有趣，专门教导人如何当教师（Teacher）、演讲者（Speaker）和教练（Coach）。

教师是教我们如何运用教材去教导人家；演讲者是训练我们如何发表一场具吸引力及影响力的演讲；教练这个角色的关键，则是在于要问对的问题。教师和演讲者多半是先主动分享给大家知识或实际经验，教练其实是靠着问问题，激发被问的人自己去思考并主动提供素材，之后再经由一起讨论和微调修正的方式，整理出一个双方皆认同的目标。

西方人定义的教练，跟东方的传统定义比较不一样。西方注重启发式的自我思考，诱导对方把内心的东西整理出来，东方所谓的教练比较像是导师的概念。

当时教导我们这套课程的人，就是提出五层次领导力的管理学大师约翰·麦克斯韦尔，他为了帮助我们这些来自世界各国的学员，清楚区分出教练和导师的差异，特别强调，导师是指分享你的经验，并依此告诉对方该怎么去做，其内涵似乎比较接近老师的属性。

依据过往经验，我发现要成为一个理想的领导者，最好要能够兼具教师、演讲者、教练这三个角色。意即在带领团队面临变革的时候，为了让大家熟悉新的运作制度，有时必须像一个教师一样进行教导，一个口令一个动作，有些动作可能还要重复教七八次，大家才学得会。

面对比较有主见且领悟力高的工作者，就要改采教练的姿态，用问问题的方式来取代直接教导，让他自己找到问题的答案，借此也可减少对方反感；演讲者角色的运用时机则是比较强调一对多，像是在公司年会等场合，公开向全体员工传播公司理念，以动人的演说来凝聚军心。

为了协助读者们进一步理解，一个理想的领导者最好具备哪些指标，我尝试以领导力（LEADERSHIP）这个单字的字母为首，列出十大检验指标，每一个主要指标后面皆伴随着次要指标，故总计有十大检验指标。

√Listen & Learn 倾听和学习

一面听一面问，身为领导，要懂得以倾听的方式来学习，才能获得不一样的成长。

√Encourage & Empower鼓励和授权

领导面对年轻后进，不仅要懂得成全，也要鼓励他们刚强果敢，并借由授权来帮助他们累积实战经验。

√Aspire& Affirm愿景和肯定

Aspire是激励的意思，但在这里我把它延伸诠释成愿景，因为这里所讲的激励是指，借由让下属看到前方愿景，激发他们内在的成长渴望。然后就是肯定，如同心理学讲的正增强作用，当你发现员工做对的时候要及时表扬，而且最好还是当着大家的面，这样效果更佳。

√Develop& Delegate培育和委派

我常告诫许多领导者，与其在意团队的大小，不如先思考一下，你的核心团队有哪些人。因为那才是你几乎天天要一起共事和打仗的。经验指出，一个领导者底下的团队成员，最好是六七个，因为通过Direct Report（直接汇报），你比较能有足够的时间跟成员一对一讨论事情。慢慢把成员培养起来后，就要权力下放，各自委派重任，这样领导者才能持续专注于愿景的开拓。

√Engage & Empathy参与和同理

这里讲的参与，就是要知道团队和客户需要的是什么。我常会主动拜访客户，目的就是要Engage my Customer（参与我的客户），借此才能知道他们真正的需求在什么地方，他们的痛点是什么，并依此提供我们的服务。至于如何在参与的过程中，精准发现需求，关键就在于同理心的发挥，所以两个特质缺一不可。

√Respect & Reflect尊重和反省

尊重，是人与人交往的一个基本礼貌。我很在意下属尊不尊重我，因此同样的，即使身为领导者，我也会给予下属最大程度的尊重，不会动辄破口大骂或以言语羞辱对方。反省的重要性在于，当领导者懂得反观自身的不足或缺失，才能发自内心尊重下属的专业，并且不会把过错都推到他人身上。

√Serve & Sacrifice 服务和牺牲

我眼中的领导者，必须具备军人情操，愿意在必要时候牺牲自己，以保住身旁他人的安全，这是牺牲的部分。至于服务，则是提醒领导者偶尔也要亲自为民服务，像是有一年下起百年难见的大雪，为了避免厂房被压垮，才刚动完手术的我，一样拿着铲子抱病爬上屋顶铲雪，这便是出于服务和牺牲的心志。

√Honest & Humble 诚信和谦卑

个人诚信，关乎品格的培养，公司诚信，则仰赖于企业文化的建立，而这两者向来是我推动“长青常胜领导力”的重点。因为无论个人或公司，失去诚信便宛如失去民心，很多机会大门都会因此关上。至于领导者的谦卑展现，就是不要摆出一副高高在上的模样，如同我曾主动把离公司大门最近的个人专用停车位，开放给所有同人，先到先停，目的就是为了让大家感觉一视同仁。

√Influence & Integrity影响和正直

我们都知道，一个人既身为领导者，必然具有一定的影响力，差别只是影响层面的大小，因此我特别把正直和影响放在一起。试想一下，若是一个领导者缺乏正直的品格，却又握有一定的权力及可动用资源，那么可能掀起的负面效应会有多大啊？

√Passion & Persistence热诚和坚持

热诚和坚持为何在领导者身上会特别被强调？主要还是反映到上一项指标提及的影响力。领导者具有一定的群众号召力，若是其本身对于企业前景或眼前投入的工作毫无热情，碰到困难亦无坚持突破的决心，那就真的会导致军心涣散、全盘皆输了。而且热诚和坚持是一种从骨子里散发出来的正能量，必须真正具备才能成功地感染到团队！

CHAPTER 3

第三章

领导力养成之 三根核心柱子

“长青常胜领导力”的三根柱子，
分别为“品格”“伦理”“服务式领导”。
品格是一个领导者应有的道德高度，
企业伦理是企业软实力的代表，
服务式领导则首重谦卑的态度，
因为一个好的领导者应该是以德服人，
而非单靠职位、权威或权势。

领 导 力 养 成 之

三 根 核 心 柱 子

一

品格

▶ 下属首推的领导者品格：智慧、明辨、果断、公正

一直以来，无论是在学校、公司或是受邀到一些组织内部做培训，我都会使用“领导者必备的品格特质”，作为推动品格教育的重点。这些品格特质总计有49种，依据每人在职场扮演角色的不同，分别有所强调，比方说远见者首重智慧、教导者首重节制、管理者首重井然有序、供应者首重善用资源等。

为了进一步厘清领导者和工作者的实际需求，过往我也常借着开设“长青常胜领导力”培训课程的机会，进行实际调研，请学员们依序回答：（1）身为一个职场领导者，我们希望下属具备哪些品格？（2）我们希望同事具备哪些品格？（3）我们希望主管具备哪些品格？各自选出最重要的三到四个品格特质。

这有点像是一种360度的品格检验，借此激发成员们换位思考，从各个不同面向去思考品格的意义和重要性。到目前为止，我已经收集到大约300份的调查表，结果整理如下：

√主管最期望下属表现出的品格特质依次为：主动、勤奋、诚实、顺服

√最期望同事表现出的品格特质依次为：诚实、热诚、可靠、尊重

√下属最期望主管表现出的品格特质依次为：智慧、明辨、果断、公正

领导者需有“虽千万人吾往矣”的精神

总的来说，大家对下属角色的期待，首重积极主动的工作态度；对同事的期待，首重值得信任的关系；对领导者的期待，则是希望其拥有一颗清明的心，看待人事物的时候可以超越表象，看见真正有价值之处，并依此做出重要决策。换句话说，就是要有“虽千万人，吾往矣”的精神和魄力。

偏偏华人企业普遍倾向权威式管理，也就是老板说了算，在这样的工作氛围之下，如果加上下属本身是比较怕惹事的类型，那么就很可能会出现“太极型”决策模式——每当需要做决策的时候，主管和下属双方就开始打太极，生怕多做多错，最后还要为了负起失败责任而走人。因此以讲师或顾问身份讲授“长青常胜领导力”课程时，我都会特别强调“果断”这个

品格。

果断做决定的能力，并非人人与生俱来，而是有赖个人在成为领导者的过程中，不断借由所做决定带来的后果而学习如何修正，让下次做的决定更好，逐渐练就出来的一种胆识。关于这一点，我很庆幸在美国杜邦任职期间，跟过几个老板都很愿意充分授权，不仅会适时放手让我做决定，就连有时结果不如预期，他们还会反过来安慰说，“没关系，事情其实也没那么严重”，事后亦不会因为这样就把决策权收回。

所以在此鼓励有心学习领导力的读者们，请给自己，也给下属们合理犯错的机会，才能逐渐培养出做决策的勇气和果断力。其次是不要一下子就要求下属做很难的决定，练习从比较容易的决定开始。一旦慢慢建立起周遭人的信任和认同，加上本身又有智慧、明辨和公正的品格特质为辅助，相信往后胜任更大的决策评估就不成问题了！

【右脑学领导】品格是优秀领导者不可或缺的条件

主管期望下属具备的品格	下属期望同事具备的品格	下属期望主管具备的品格
· 主动	· 诚实	· 智慧
· 勤奋	· 热诚	· 明辨
· 诚实	· 可靠	· 果断
· 顺服	· 尊重	· 公正

▶ 运用果断力，树立正确的价值观

接下来的篇幅就来分享一下过往担任领导者时，如何因为明白何谓关键核心价值，而展现出决策果断力的例子。

我是一个不轻易对人发怒，也不轻易开除人的主管，仅有三次经验，一次是前面文章提过，一位年轻业务经理因为经常迟到且屡劝不听，最后只好请他卷铺盖走人；另一次是发现员工向厂商收回扣违反了公司的核心价值——诚信，我二话不说立刻开除；还有一次，则是现在准备跟大家讲的，这是组织里不时就会爆发的违规事件。

早年任职台资企业期间，我曾经发现一位公司资深经理严重违反利益冲突原则，却自以为神不知鬼不觉，还跟公司旗下的经销商一起在外面合开公司，分食公司的利益。

当初会着手调查，是因为从每个月的财务报表中发现，有一家经销商（在此称之为A经销商）的进出货情况有异状。加上那段时间，有个海外大客户抗议为什么订单量越来越大，并且多次表达希望成为总公司直接客户，得到更好的技术服务及信息，但一直被A经销商阻挡，无法与我们直接对口。

我先确认了大客户的真实意愿，因为A经销商已无法提供他们需要的技术服务及新产品开发的能力，有次趁着三方都在的场合，大家也把各自的想法表达得非常清楚，因此我做了决定，将这外国大客户变为直接服务对象。为了感谢A经销商过去的努力，还特别制订了补助计划赔偿其收入上的损失，并鼓励其培养新的客户。但整个过程并不平顺，受到不少的阻力。

但之前到底是谁在搞鬼？追查之下才发现，原来A经销商之所以那么有恃无恐，就是因为有那位公司资深经理在背后撑腰。

不包庇，才能在团队立威信

但凡有明显触犯利益的事情，不管是在我所待过的美国杜邦，还是Eerine待过的美国IBM公司，皆被视为犯了企业伦理的天条，结局也很明确，就是当场打包走人，没有第二句话，更不可能会有第二次机会。

然而，身处在台资企业的环境当中，评断的标准就不太一样，需要考虑的面向显然也多了许多。因为那位资深经理是当年开发这个市场的先驱，手中还握有很多客户资源，老板虽然不满他的行径，却也担心他被开除后会把大批客户带走，最后造成公司业务严重的损失。

为了处理这件事，我前前后后跟老板沟通很多次。我试图让老板明白，虽然把这位资深经理开除，短时间公司的生意可能会受到影响，但长期而言却是一件很对的事情。一来我们是在公开维护一个正确价值观，二来可借此杀鸡儆猴，让我们得以在其他团队成员面前，树立一个明确的公司原则。

借由这样的争取过程也是想向老板强调，每位领导者可能有一套自己在领导上所坚守的原则和价值观。我向来主张，身为一个专业的高阶经理人，必须在合理范畴内拥有最大限度的自主权，这样才能够放手去做很多必要的决策和管理，并且勇于为结果负责。很感激的是，纵然老板心里非常为难，最后还是选择支持我的决定。

那位资深经理离开之后，公司的业务量和客户关系不仅没受影响，企业形象和团队素质还因此更加提升。那家国外客户后来成为公司的重要客户之一，我离开台资企业已将近10年，该公司负责采购的大老板还在今年来台湾时约我一起叙旧，我们之间已远远超越工作上的合作伙伴关系，发展为真正的友好情谊！这证明了只要是做对的事、捍卫正确的价值观，决策的过程固然艰难，最后还是会得到正向回馈。

领导力养成之

三根核心柱子

二

伦理

▶ 企业伦理是一家企业的软实力

通过上一篇文章提到的利益冲突案例，我们可以清楚看到，企业伦理的建立与否，对于一个组织的永续经营有多重要！

我常形容，如果一家企业的营业项目或贩卖商品是硬实力的象征，那么企业伦理就是一种软实力的代表，但后者也往往是强调“人治”的华人企业最容易看轻或忽视的一环，甚至因此爆发经营危机。

幸而，只要问题发生时，响应及时或愿意修正，那么危机反倒可成为企业形象转型的契机。这也就是为什么我们在“长青常胜领导力”课程中，教到关于企业伦理和核心价值的内涵时，鼓励中小企业的雇主应该要注意企业伦理，而且要尽快建立起来的原因。这样员工才知道界线在哪里。

面对我们的建议，中小企业最常见的响应是，碍于公司的预算有限，无法往这一块去发展和建构。这时，我们就会再慢慢教育对方，让他们明白那些百年企业，也不是一开始就知道自己将来会成为百年老字号，很多都是历经动荡并从中力图转型，才顺利存留下来，并且越做越好。

所以，在此我想向中小企业老板表达的是，不用担心无法一步到位。我们举这些例子只是想强调，如果你们也渴望让自己的公司，成为一家历久不衰的百年企业，或是提升成为一个形象健康的组织，那么从现在开始就要思考，怎么样建立核心价值和企业伦理。

“利益冲突回避”是企业基本伦理题

“准确地说明事情原委以赚得未来的信任”，这是诚实的定义。我长期服务于超过两百年历史的杜邦公司，每一年所有员工都需要签署一份文件诚实回答一些与公司核心价值相关的问题。“利益冲突”也是每一年所有员工都要上八九堂企业伦理的必修主题之一。虽然这些课都采取数字学习的方式，但上完课还要花四五十分钟完成考试，通过了才算真正完成。考题还蛮难的，最常见的就是用企业界实际发生过的案例来当申论题，然后再问我们：“你认为这样可不可以？为什么？”或者问：“你觉得面对这样的情况该怎么做？”

也曾经有试题会问：“你有没有权力可以影响公司采购的东西？假如你有权力的话，你有没有家人、朋友是供货商？”像这一类的题目，显然就是在间接教育答题者要够敏感，假如有家人是供货商，千万不要把他们拉进公司的合作网络，以免落入利益冲突的陷阱。而且这种事情绝对无法瞒天过海，因为多少会有人传出来说“某某某是公司谁谁谁的什么人”，因此这些都是公司极力希望员工能避免的灰色地带。

讲完了跟“诚实”有关的利益冲突，接着再来谈谈“安全”和“尊重”。“安全”的内涵其实很容易理解，顾名思义就是公司有责任保障员工的生命安全与健康，并为此进行一些观念倡导、操作训练，乃至于设施上的完善。反而是“尊重”这个观念，它看似中性而且常被老板或主管挂在嘴边，但实际上能够做到尊重他人的人并不多。

回想一下，在过往的职场生涯当中，我们有没有在大家面前拍桌子、指着某人骂的经历？虽然我们没有揍对方，但是从“尊重”的标准来看，我们的行为已经构成了言语暴力，而我们是否曾经意识到这一点呢？可能有读者看到这里会想说，老板不都是这个样子吗？其实这就是因为老板根本不晓得尊重人比羞辱人更能带来正向的改变，尊重人应该被视为公司的一个重要核心价值。

上述这些常被视为伦理的核心价值，只是一个参考，鼓励自己继续去思考对企业而言，还有哪些是重要的核心价值？当我们制定了这些核心价值并公开对外宣扬，自然会吸引到认同这些价值的员工争相加入，追随我们胼手胝足为企业的前途打拼，进而将软实力转化成硬实力。

【右脑学领导】伦理是推动企业正向运转的要素

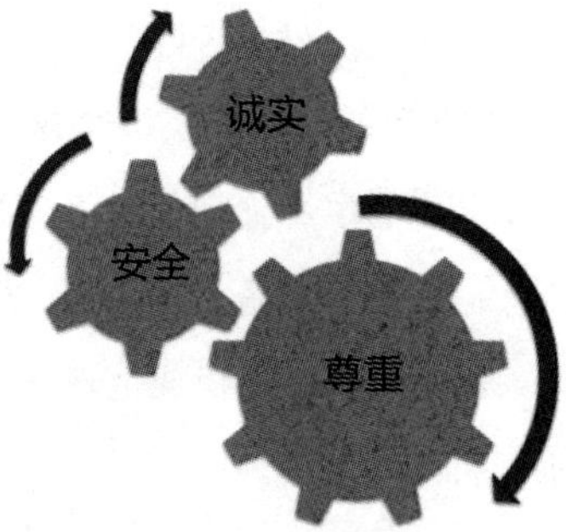

· 诚实——赢得未来信任
· 安全——保障生命环境
· 尊重——认同个人价值

▶ 同理心，决定企业的道德高度

每隔一阵子，媒体就会曝出市面上又有哪些黑心食品，吓得消费者人心惶惶，而这也显示出，那些黑心企业老板和员工普遍缺乏同理心。一个缺乏同理心的人便会显得自私，凡事只求自身益处而罔顾他人死活。

常言道，“不以规矩，不能成方圆”。当一家公司少了企业伦理作为规范，主事者本身又缺乏应有的同理心，那么在决策上就很容易便宜行事，甚至可能会因为生存至上，而罔顾企业道德和社会责任，一旦负面事迹被揭发，不是品牌形象瞬间毁于一旦，就是被迫关门大吉，这时就算再悔不当初，亦无法逆转颓势。

这也就是为什么过往担任经营者，对于一些公认是灰色地带的事情，我向来非常敏感小心。譬如说，有一年我们和几家同业被大陆的竞争对手告为反倾销，当时就有人提议要不要更改数据，反正是采取书面检验的方式，只要先在计算机上动手脚，再将更改后的数据印出来，就可以跟商务部派来的调查人员交代，轻松过关。

不可否认，这的确是一个最简单且快速的做法，但我却想都没想就回绝了这个提议，因为那已经明确违反我在上一篇文章提及的“诚实”原则。再者我也并不认为公司有倾销之实，有些产品因为是次级品的关系，我们才会以较为低廉的价格来贩卖，绝不是恶意大量倾销。

正因为在现实层面上站得住脚，我告诉公司同人，只要好好把实情说给商务部的人听，应该就没问题了，任何的后果我会负责到底。果不其然，最后的调查结果显示我们公司没有问题。经过这次事件以后，公司同人对我的信任也更往前跨越了一大步。

前几年开始到学校开设领导培训课程，也常跟学校的主管和老师们分享，我们应该趁学生还在学校时，向他们灌输品格和企业伦理的观念，以免进入社会大染缸之后，因为身陷诱惑又面临为难而走错路。甚或是理直气壮认为，我这么辛苦为公司服务，拿点公司的东西回家有什么关系？殊不知，即使是小至公司的一卷卫生纸，我们都该知道有条公与私的界线在那里。

请容我再次强调，品格和伦理看似分指个人和组织而言，但实则两相呼应。领导者需先具备好的品格，才会制定出一套优良的企业伦理，员工也要培养出好品格，才会发自内心去遵守企业的无形规范。而且毋庸置疑的是，一个重视品格的个人，以及一家讲究伦理的公司，必定都会散发出崇高的道德馨香之气。

领导力养成之

三根核心柱子

三

服务式领导

▶ 以仆人般的谦卑姿态，为团队服务

这里所说的“服务式领导”，其实就是一般常听到的“仆人式领导”，会把“仆人”这两个字替换成“服务”，主要是考虑华人的文化氛围里，似乎比较不喜欢也不习惯被称为仆人，所以就做了字面上的调整。

服务式领导，内涵就在于展现谦卑。唯有具备谦卑的品格，才会让一个人愿意弯下腰来服务他人，而非等着被服务。我所敬佩的主管友人，以及我所知悉的一些成功领导者身上，皆可看到谦卑的特质。当他们用这种态度来服务团队，效果往往超乎预期，因此我非常相信谦卑是服务式领导最基本的态度，一个好的领导者也应该是以德服人，而非靠职位、权威或是权势。

至于如何谦卑带领团队？斯坦福大学管理学院教授的吉姆·柯林斯讲了一个动人案例。他曾一度受邀到西点军校担任客座教授，借此，他向斯坦福大学和西点军校的学生，做了一些调查和比较。结果发现，西点军校学的生之所以比较快乐而

且认为生活有意义，是因为清楚知道自己追求的目标，以及自身的存在价值；反观斯坦福大学的学生虽然个个是精英，却有比较多的学生因为不清楚目标而缺乏动力。

同样是军校文化与主流文化的比较，提出黄金圈理论的领导学专家西蒙·斯涅克，曾在演讲时指出一个有趣的社会现象，他说："大家有没有发现，在业界，许多都是踩着别人往上爬，因此能够上台被颁奖项的，往往都是那些踩过最多人的赢家。"

话锋一转，他接着表示："可是在军队，颁奖都是给那些牺牲自己生命去救别人的人，因为军队的教育是怎么样保护你的伙伴，不是先保卫自己，而是把心放在保护团队的成员。"换言之，军队教育推崇的价值观是：为了别人我宁愿牺牲自己；但社会教我们的竞争规则却是：宁愿牺牲别人也要保护自己。

不知道这样的对比让你们做何感想？那种来自灵魂里的震撼，再度让我深刻明白，西点军校教导的那种团队运作内涵，才是真正令人认同的领导价值观，而且那也正是服务式领导的终极体现。

再举一个例子：东海的劳作教育。这是一个从60多年前创校时就建立的一个师生一起维护整理校园的制度，包括分批轮流清扫教室、校园、宿舍、餐厅等。随着时代及环境的改变，制度也做了些调整。这些年社会运动抬头，不少学生开始批判学校是利用学生当廉价劳工，争取学生的劳动权。我当学生时，劳作是两年的必修。我常回东海演讲，就有同学问我喜不喜欢劳作。我很诚实地说：“不喜欢！”但我后来进入社会工作，回想在东海4年到底学到什么对我的帮助最大，我也必须很诚实地说：“不是任何的专业课程而是劳作教育。”它教了我：人人平等（劳作制度里没有特权），多动手少动口（尤其是少抱怨），服务他人（我洗盘子但也用了别人洗的碗筷，其实也被大家服务）。在家中，Eerine常常会夸赞东海的训练不错，因为我常常动手扫地，洗碗盘，清理厕所。职场上的老板们也喜欢用我，因为我很少会去斤斤计较自己有没有吃亏，放下身段与团队一起打拼。真的希望年青一代同学能多思考什么才是服务？什么才是领导？

▶ 以德服人，而非以权势逼人

另一个令我热泪盈眶的故事是关于一位路易斯安那州典狱长凯恩的经历，及如何带领罪大恶极的一群人改变。

不同于一般的中小型监狱，那位典狱长负责管理的，是美国最大一所专门关重刑犯的监狱，里面的犯人因为罪孽深重，个个不是被判死刑就是无期徒刑，关的犯人总数还高达五六千人，管理难度之高，绝非我们所能想象。而那位典狱长当然也不想自己找麻烦，他说自己当年根本不想接这个工作，因为那是一所恶名昭彰的监狱，那些犯人即使被关了，照样在监狱里面打打杀杀，要不是上级主管连哄带骗说只需暂任，他根本不会答应。

哪知道当他答应暂任典狱长一职后，身为虔诚基督徒的母亲却叮咛："既然答应接下这个任务，那就要尽力去做，因为这是神给你的工作。"基于对母亲的孝意和对神的顺服，那位典狱长开始把《圣经》的内容带到整个监狱的系统里面，请教会的牧师或传道进来带查经班的同时，还开设各种教育训练的课程，帮助这些重刑犯走向真正的生命悔改。

起初必然碰到很多的挫折，但靠着他不断以谦卑仆人而非高高在上的掌权者姿态，来回应这些死刑犯和重刑犯的灵魂需要，同时也以身作则，以高道德展现来赢得大家的佩服和敬重。因此慢慢地，一个、两个、三个……越来越多犯人的生命出现改变，有人甚至通过神学院认证成为监狱的牧师。当然，改变并不代表可免除刑罚，而是在等待死刑处决的过程中，可以一个牧师的角色去关怀其他重刑犯，改变整所监狱的肃杀之气。

我永远忘不了，有一个杀人犯在镜头前掉着眼泪说，从来没有一个人愿意真正关心他，甚或把他当作一个人来看待，唯有典狱长让他感受到这样的尊重和对待。现在的他，已经重生并且成为一个助理牧师，也计划在未来有限的时日里，带领更多人的生命得到翻转。

通过这个典狱长以及重刑犯的生命分享，我对服务式领导也有一种新体会，就是严刑峻法固然可从外在行为来矫正一个人，如同身为领导者的人，也可用自身的权势来逼迫他人顺从，但实际上，我们都很清楚那样的跟随只是表面，哪天当外在驱力一旦消失，很多的假象就会马上被打回原形。

所以还是回到那句老话：“带人要带心！”至于如何做到这一点，服务式领导肯定是通往此境界的不二法门。

CHAPTER 4

第四章

领导力养成之
四度空间视野

“长”是适时调整焦距，懂得考虑长远利益；

“宽”是乐于拓宽自己的专业视野；

“高”是跳脱自我中心，用更高层级的角度看事情；

“深”是代表个人品格或企业伦理向下扎根。

领导力养成之

四度空间视野

一

长——拉长焦距

▶ 用长远利益，取代短视近利

为了协助大家将理论和实务结合在一起，相较于前三章主要偏重于概念和理论的澄清，接下来的章节会把更多比重放在经验分享，借此传达领导实务操作的精髓，以及身为领导者，在关键时刻应展现出的视野格局。

先来谈谈四度空间视野长、宽、高、深当中的“长”，长意即拉长焦距，用口语的方式来解释，就是指在评估一件事情或一个决策的时候，要懂得把眼光放长远一点。

1995年，我担任美国杜邦技术服务部的资深研究员。原本工作得好好的，有一天突然临危受命，被高层告知要调派到台湾地区半年，协助处理桃园观音厂与台湾相关部门之间有关厂区空地该如何使用各执一词、僵持不下的危机。

其实早在1993年，杜邦在桃园的工厂就已经生产运作，之所以在两年后遭台湾相关部门关切，是因为一起化学品运输车因车祸产生气体外泄造成严重伤亡的事件。由于担心类似的情况在台湾岛内上演，台湾相关部门开始搜集大量相关报道及死伤数据，借此要求杜邦不得从高雄运输化学品原料北上到观音厂，并且在厂区空地盖工厂生产气体取代高雄来的原料。但他们完全没有考虑到这将会有大量的剩余气体需要运输出去，反而增加了风险。

由于问题实在太过棘手，牵涉的专业层面既广且多，台湾杜邦的主事者又是美国人，碍于中文表达能力的限制，与台湾相关部门的协商迟迟无法突破。公司高层担心观音厂的投资付之一炬，紧急指定有台湾成长背景的我出面，加上当时我正好是美洲中国工程师学会大纽约区的会长，学会跟他们之间有很多合作活动，所以公司认为这样沟通起来也会比较顺利。

接下这个任务之后，面临第一个难题便是，如何说服台湾的相关部门，让他们理解到，只要有一套完整的管理系统，化学品的运输也是可以很安全的。几经思索后，我们提出一笔百万美元的预算申请，以此重金礼聘一家国际知名的工业安全顾问公司，并邀请台湾相关部门指定的中鼎工程顾问公司加入研究计划。借由这种合作方式，大家一起投入分析在化学品运输的过程中，到底有哪些环节比较危险？并找出相应的预防措施。

那段时间几乎天天往相关部门跑，目的就是要让他们知道，今天我代表美国杜邦推动这个研究计划，并非只是为了杜邦的一己之利。同时也希望能借由这次机会，协助中国台湾的化学工业建立起一套完备的运输管理系统，以便未来有什么化学品需要在高速公路运输，都可以运用这套系统来进行严格和有效的管理。

兼顾利己利他，危机变转机

这点也正是本文想强调的思维重点。那就是当我们面临一个困难且苦无对策之际，若只把看待事情的视野焦距集中在自身利益，如此短视功利的做事态度，必然无法引起周遭人的呼应和追随；反之，若是能适时调整一下焦距，把他人或社会的长远利益也一起列入评估，并找出两者的交集，那么事情便可能出现转圜的余地。

当时正因为把“环境保护”和“化学工业安全管理”两个面向一并纳入思考，分析和改革的项目因此涵盖非常广。比如说，检查槽车的方式改用X光来定期检查，槽车的行车速度也有严格规定，并在那个年代就已安装行车记录仪，驾驶员必须每年培训等，其他像是气温和风向，后来也都被我们视为必考虑的安全运输指标。

经过这一连串的研究和改革，不仅顺利取得专家会议的认可，让这次危机事件平安落幕。事后，我们公司直接参与该项目的冯廷权经理还在相关单位的邀请下，前往其他公司进行这方面的培训，以此方式贡献台湾社会。最后整个案子花了一年的时间，远远超过当初公司预期的半年时间，但圆满的结案也让公司的高层看到我协调谈判的能力，为后来的工作开辟了一条路，也让我颇感欣慰。

领导力养成之

四度空间视野

二

宽——拓宽格局

▶ 勇于跨领域，用不同角度思考问题

何谓拓宽格局？用一个小故事来作为开场白。犹记得大一修英文，老师要我们写一篇英文作文，题目不限，当时依循着内心的指引，写了一篇关于鸟和大树的故事。文章大意是，有一只鸟打从出生以来就寄住在一棵小树上，每当碰上狂风暴雨，就是小鸟和小树最辛苦的时候，但幸好它们都凭借着坚强的意志力存活了下来。尔后，随着时间渐渐推移，小树终于长成为一棵大树，枝繁叶茂到可以为小鸟遮风避雨，于是，一如童话故事般的结局，树和小鸟从此过着幸福快乐的日子……但我最终的结语是个反思的提问：这样对鸟儿是真的好吗？几天后，这篇作文被老师发还到手上的时候，上头多了一个极优的评语，创下这辈子作文难得一次的好成绩。

当时年轻，也不知道哪来的灵感，写出这样的内容并带来反思；但我现在明白了，那是因为内心深处一直渴望可以无拘无束地想飞就飞、去创造新的生命经验，探险的过程或许没有乖乖待在大树上来得安全，但比起安逸度日，我更喜欢不断地

自我探索、挑战和成长。

这样的特质也反映在这一生多变的职涯规划上，好处就是，拥有比一般工作者更宽广开阔的专业历练，而这也就是“拓宽格局”的概念。

回顾第一次生涯大转弯，是发生在加入美国杜邦的12年后，原先从事研发技术工作的我，兴起想转换到亚洲市场营销领域的念头。那是一个很重要的决定，因为有许多问题需要思量清楚。譬如，要不要放弃已经做得还不错的技术专业领域？公司及老板会不会愿意给我机会到完全不同的领域带领团队？我是否能在不同的专业领域赢得全新团队及客户的信任？当然还会从财务的角度来评估，这样的转换可能要付出的代价是不是值得？

用拓展心态转换领域，建立人脉资产

那时身为美国杜邦的员工，曾两次被外派到中国台湾，享受非常优渥的待遇和福利。任务结束后，我表示希望能留在亚太地区发展。公司给了我两个选择，一个是先从美国总公司离职，然后再加入台湾杜邦。这样的程序也意味着必须放弃我在美国杜邦12年的年资及退休金，在台湾杜邦的年资则是从零开始计算。另一个选择当然就是回到美国母公司继续技术专业的工作。

说当时心里没有挣扎是骗人的，身旁也出现很多正反不一的意见，但幸好Eerine即使心里也有些不安，仍旧表示尊重和支持。当时的我，打从心眼里认为应该多去拓宽职场经历，同时觉得这样的转换是值得的，所以愿意牺牲可预期的退休金保障。很快，事实证明当初的勇于转换，对我确实是好的。回中国台湾之后，我先是担任台湾杜邦的副总经理，负责莱卡弹性纤维事业部，除了对内协助团队的建立，对外则是负责市场营销、品牌合作，以及客户开发。

虽然过往主要从事研究，但靠着无论对上、对下、对同事，抑或是面对合作厂商和客户，一向秉持着“服务式领导”的精神待人，公忙之余，也很积极通过公司及德拉瓦大学（University of Delaware）的甄试而成为 UD MBA@DuPont的学员。3年后我被擢升为杜邦纺织事业部的亚太区营销市场总监。我相信个人的“东方与西方文化商数”和“研究、生产与营销”的跨领域经验，确实使得在做品牌定位和市场营销的决策时，思维视野都更全面。

再举一个例子。我在台湾东海大学化工系的同班同学许履尘，后来在美国又转去念电机和材料这方面的研究所，不同领域知识在脑中碰撞的结果，让他成为一个发明王，光是在IBM任职期间就拥有900多个专利，还被冠上“中国爱迪生”的称号。2017年10月被选为台湾东海大学第十八届杰出校友，是实至名归。有一年参加他的新书发表会，我还打趣地跟他说：“奇怪，为什么在大学时期都没注意到你有这样的发明潜力？”

这当然是老同学之间的玩笑话。我们都很清楚，人本来就是无可限量的，关键就在于有没有持续借由学习、成长及挑战的方式，不断激发自我潜能？而且更重要的一点是，我们会不会乐在其中？

这三十几年来，我先是从研究生产转到业务营销，再从化工业转到教育业，而且平均两三年就会调整一次工作内容。每次只要一转换到新领域就等同于重新开始，需要格外努力下功夫才能及早进入状态，但我很享受这样的过程，因为可以接触到不熟悉的知识领域，一旦搞懂了就是个人的无形资产，更棒的是还能借此累积不同领域的人脉、结交很多好朋友。

因此，鼓励各位读者们，即使不是通过转换工作跑道的方式来自我更新，也可以秉持一颗乐于学习的心，或通过与不同领域的友人交流，拓宽自己的专业视野。届时我们便会发现，啊！其实不同大树上的风景都很独特且美丽呢！

领导力养成之

四度空间视野

三

高——提高思维

▶ 看见别人，别人自然也会看见你

延续上一篇文章所分享的鸟与大树的故事。现在把一棵树换成一片森林，试着在脑中幻想一个画面，如果自己是一只鸟，因为害怕或安于现状的关系，总是惯于低空飞行，那么眼前看到的会是什么？是的，不过就是一棵又一棵的树罢了（而且大多是树干），飞到最后还可能在森林中迷路。

但如果换个高度，身为鸟儿的自己，若是能穿越原先笼罩的一大片树丛，由制高点往下俯瞰整座森林，那将会是一个多棒的视野啊！不仅可以看到这整片森林有多大，还可以欣赏到森林以外的壮阔山川，一旦到达这样的高度以后，保证我们看世界的观点和角度也会变得很不一样，因为心中的参照点跟以往完全不同了。

大学时期，我曾经参加过飞行营队。结业前，当我坐着资深教官驾驶的两人座小飞机，缓缓飞上天空，内心除了感受到雀跃和自由自在，视觉的新奇也十分震撼。前阵子已故导演齐柏林的《看见台湾》之所以感动许多人，应该就是因为从高处的视野看到台湾的美，但也看到台湾的丑。

这就是我试图表达出来的“高”的重要性。站在高处，才得以跳脱以自我为中心的狭隘思维，看见那些比我们位置更高的人，他们看见的是什么，以及他们真正在乎甚至担心的是什么。

曾听过一位培训讲师教大家看事情时要把自己提高二阶，也就是从“领导的领导”眼中来看事情，然后去思考自己如果是他，针对眼前的问题会怎么解决。换句话说，就是要学习以“大老板的高度”来评估事情，关于这点，在“向上领导”一节中会举例说明，先不多做着墨。

在此想强调的是，提高思维和视野的同时，才能帮助我们明白原来一片森林的美，绝非几棵树所能成就，而是所囊括的各类物种，默默发挥着各自的功能，方能使整片森林生生不息。理解了这一点，我们才会懂得要怀抱谦卑和感恩的态度。

感谢团队的付出，点名幕后英雄

职场运作也是一样的。早年刚进入美国杜邦，专司研究工作，经常在实验室里探索各种化学品的可能性及应用，之后再将其写成研究报告。依公司要求，研究报告其实只要简单写几页即可，估计只要花上一两天，顶多两三天的时间就可完成，但自从我接下这个工作任务，产出就大不同了。

最明显的差异是，我不仅会花上将近一个月的时间，写出二三十页的完整报告，而且一定会在报告最前面，先感谢那些在这个过程中助我一臂之力的人，借此公开点名那些幕后英雄，让每个人的付出都可以被看见和纪念。这么做的好处是，之后再继续做实验时，各部门同人和主管都变得更乐于帮忙。

我在美国杜邦发表的报告有十几篇，部门主管还因此给我一个特别奖项，让我更感激的是，这位主管还会把我写的报告推荐给其他部门主管，为日后的内部转调埋下伏笔。

美国杜邦有个很棒的制度。我们每一年都要跟部门主管讨论当年度的表现，做绩效评鉴和职涯规划。绩效评鉴是指部门主管要告诉我们在过去这段时间的表现如何；职涯规划则是指我们要负责告诉部门主管，未来一到三年想要做什么？有哪些具体的生涯规划？

我有次想要换到其他研究部门任职，却遭到直属主管的拦阻，因为他压根儿不想放人。幸好职涯规划制度允许我们填写转调意愿，因此当别的部门主管发现我曾提出请求，过往又因为研究报告而留下深刻印象，就直接向更高层的主管点名说“我要这个人”，最终我成功达成转调愿望。

在竞争的当今社会中，每个人在职场中为求突出，似乎已习惯高举自己、贬低他人，但在此我却要告诉大家，提高视野并非是要彰显自我，乃是为了避免目中无人。而且，当我们懂得感恩别人的付出时，别人在关键时刻也必然会看见我们，甚或是出手拉一把，使我们得到实质的提升。

领 导 力 养 成 之

四 度 空 间 视 野

四

深——扎深根基

▶ 打好本业基础，创造逆转胜奇迹

讲到长宽高深当中的“深”，从个人的角度切入诠释，代表的是品格的深入扎根。如同一棵树只要根扎得稳就不会长得太差，一个人只要品格的底子够好，就算不是位高权重的大人物，照样能赢得他人的尊敬和看重。

从企业经营的角度来切入，“深”的诠释面向则更多。我不仅鼓励企业要在伦理上扎根，在本业经营上想不断开花结果就更要把根基打得深，才能吸取到珍贵的地下水源及各种养分，否则当外在环境气候一旦失常，连续一两个月不下雨，原先长得再好的大树，恐怕还是得面临凋零的危机。我们也可以想象把房子盖在岩石上与盖在沙土上，遇到雨淋、水冲、风吹的后果会有什么不同，关键就在于基础够不够深、够不够稳。

当年在美国杜邦和台湾远东集团合资的子公司担任总经理一职，由于这家子公司亏损多年，导致两家母公司的股东都决定不再增资，甚至表态公司能救活最好、救不活就关掉。另外，健康的企业负债 / 资产比（D/E）大约是1～1.5，因为公司可以善用财务资源做适当的投资与建设，不断创造新营收。但那家合资子公司的负债／资产比却高到两位数，所以常常被银行关切询问：“下一季还得了钱吗？”

身为一个要负责公司盈亏的专业经理人，得知两家母公司的态度，加上银行的放款意愿，我几乎要喘不过气。但当时第一忧心的事情并不是公司关掉后，自己该何去何从，而是担心公司有将近两百个员工，少说也有上百个家庭要养，公司若真的吹熄灯号，他们怎么办？

为了帮助公司起死回生，我开始更加深入地检视财务报表，发现在上一任总经理的努力下，公司的营收确实渐有起色，这当然是好事一桩，只不过那样的营收仍不足以填补公司的财务坑洞，而且细看那些营收来源，很大一部分是靠转卖欧美兄弟厂的产品来赚差价，换句话说就是靠别人赚钱。

虽然对于股东们来说，只要能帮公司赚钱都是好事，但若站在公司领导者的角度来思考，我的立场很清楚，只要不是在本业基础上赚得的收入，皆非长久之计，根本之道还是要找出公司产品的利基点，借此开发出一片新蓝海，方能立于不败之地。也因此，当不少主管还在想着，可不可以再多进一点欧美货来转卖时，我却开始灌输给他们新的观念：一定要想办法改变公司的产品项目和营收结构。

差异化和品牌化，企业大树长得更茁壮

先前负责莱卡弹性纤维在亚太区营销所累积的经验，让我比较知道国际市场的趋势和机会在哪里，所以接下来的转型主力就是带领公司团队投入新产品开发，目标是要设计出一些难度高且差异性大的品项。

但难就难在，强调纤维的功能性便会损失手感，想强调手感，功能性就没有办法很好。所以研发这类产品的技术门槛就在于，如何找到两者之间的平衡点，以求最佳效果。此外，染色及色度的持久，以及染色的制程要符合环保标准，对我们来说更是极大的挑战。

一般来说，摸起来手感越好的衣服使用的纤维就越细。如何比较纤维与纤维之间的粗细呢？若是我们透过显微镜来看，A纤维横切后是二十几根一束，B纤维是一百多根一束，那么使用B纤维织出来的布肯定柔软许多。换句话说，一束纤维里面的根数越多，纤维本身就越柔软，而且你一定想象不到，一百多根为一束的纤维，目测其实也不过跟一根头发差不多。

我们公司是纺织业的上游从业者，专门生产纺织纤维卖给布厂，再由布厂将其织成布、做成衣服卖给品牌商。业界的人都知晓，真正质量佳的纤维不仅要又细又软又坚韧，上色还要够均匀，但偏偏纤维越细就越容易在生产过程中断掉。纤维的粗细质量不一，也会影响到后期的染色成效。当时为了克服这些难题，公司花费很多财力、物力和人力做研发，力求制定出

一套质量稳定、良率又高的制程。非常关键的是在整个过程中我们得到多家下游厂商的大力支持，包括告知他们心中理想产品的特性，帮助测试新产品并提供回馈。

幸而历经一年投入，终于研发出相关品项，且因为这样的纤维纺织产品很抢手，很快就找到合作买家展开下单出货程序，公司的营收自此不断攀高，让两家母公司的股东们都惊讶不已。那次带领公司逆转胜的成功经验，成为我专业经理人生涯中的一个亮点。因为立下这个汗马功劳，3年后，远东集团计划在苏州投资设厂，徐旭东先生就邀请我去担任总经理。

我们深耕差异化新产品，表现出勤奋、创意、诚恳、主动的团队品格，赢得客户的信任，才会有市场上的成绩表现。若要企业长青常胜，我们需要往下扎什么样的根呢？这是领导者需要思考的。

【右脑学领导】品牌化和差异化让企业立于不败之地

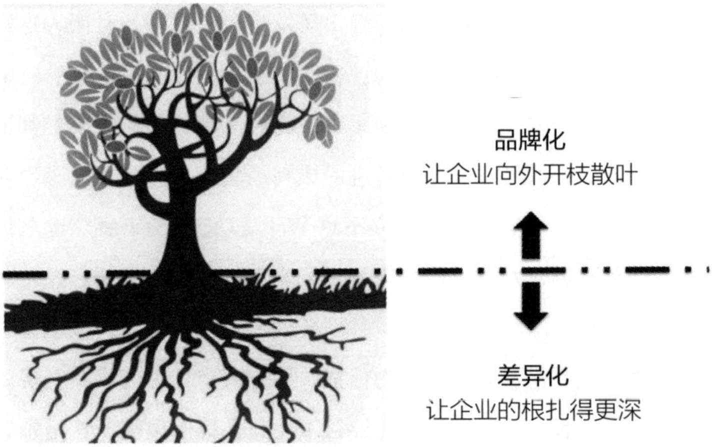

CHAPTER 5

第五章

领导力养成之
五个成长阶段

自我领导强调不断通过目标达成，建立新的自信心；

向上领导是随时懂得帮老板解决问题和创造价值；

横向领导则适于运用在同事之间及客户关系的经营；

向下领导主要在于帮助员工不怕失败并感觉被尊重；

360度动人领导贵在用心，沟通时学习用对方立场去思考。

领导力养成之

五个成长阶段

一 自我领导

▶ 发现我是谁

若只有5分钟的时间，可以站在台上向世界各地的伙伴们介绍自己，你会怎么说？或者会选择从何说起呢？

我参加美国管理大师约翰·麦克斯韦尔的网络大学一系列训练课程，学习如何胜任教师、演讲者、教练这三种角色。课程结业之前，每位学员都必须自我介绍5分钟，5分钟一到就下台，以此作为演讲者的必修课程之一。

在5分钟内对一群并不太认识自己的人说一个与自己相关的故事。如何去铺陈？最后如何带出亮点？是感动别人必备的要素。

这是我的故事：2002年，我在香港担任亚太区市场总监，一天亚太区老板跟我说因为大陆市场巨大的成长潜力，公司决定把亚太营运总部移到上海，所以我就再次搬家到上海工作。但才一年左右的时间，亚太区老板告知我所属的纺织事业部将从杜邦分出去自立门户，新公司在中国台湾需要一位领导，问我愿不愿意接受这份工作。除了处理与杜邦分家的事宜，担起企业盈亏的责任，最大的挑战是如何让财务状况极度不佳的一家合资企业找到生路。第一年为了与员工打成一片，我参加了太鲁阁马拉松活动。只是他们跑的是半马21千米，我跑（应该算是快走）的是5千米。第二年，我接受员工的挑战和他们一起跑了半马，付出了重大的代价（几乎一星期无法走路）。第三年，我继续挑战太鲁阁，报名人生的第一次全马（42.195千米）。最后故事的亮点是：我成为全公司第一位参加并跑完全马的人，公司也逆转胜，每年业绩都创新高，财务状况大幅改善，在元智EMBA教的品牌管理也大受欢迎！更棒的是公司内不少员工及他们的家庭都开始改变，找到人生的意义与信仰。那真是充满恩典与祝福的三年！

5分钟时间一到，响起一阵如雷掌声，我从他们的眼中看到了光！

如果以为我是打从学生时期就是一个积极向上，而且清楚自己想做什么、想要什么的年轻人，那可就猜错喽！实际上，求学时期的我也跟很多人一样懵懵懂懂，一心着迷于篮球与运动场上朋友之间的相处玩乐，对于课业成绩的标准只求可以过关就好。成为职场新人，是在取得博士学位后，那时我已32岁，在实务经验上远远落后于其他人达10年。

幸好，输在起跑点也未必不能后发先至。在自身的努力和主管的提拔下，20年内我的职位就晋升到杜邦的Top5%。因为有人生逆转胜的经验，我常会鼓励年轻学子，特别是那些自认为不会念书而想放弃的人，告诉他们，只要通过自我领导朝向理想中的目标迈进，依旧有机会激发出生命潜力。

从成长细节发现个人特质

至于一些跟领导有关的特质展现，回顾一路走来的成长过程则多少有迹可循。在那个时兴“骑马打仗”的年代，人高马大的我，总是乐于将队友扛在肩膀上冲锋陷阵。这个动作在当时看来似乎没什么，后来咀嚼重温才意识到，原来打从小时候开始，“服务式领导”对我来说是很自然的事。

从小学到大学，篮球应是我的最爱，我也曾担任校篮球队队长。不同于一般人以为，队长是队里最出风头的那一个，我的领导风格比较低调，与其在团队当中突显自己，我更喜欢团队战，靠着大家通力合作打败对手。后来我懂了，原来自己当年着迷的不仅是篮球，更多的是通过追求共同目标，大家一起努力，共享成败。还记得勇夺东海系际赛冠军时大家拥抱在一起的喜悦，当然也忘不了次年痛失宝座时大家彻夜未眠的悲伤。

40多年过去了，老同学见面叙旧，还会打趣讲到以前在体育馆打球时，谁先冲回宿舍帮大家烧热水洗澡。我们那年代的东海，宿舍晚上只供应一两个小时的热水，为了让其他同学多打一下球，总会有同学先冲回宿舍烧煤，等水热了再叫大家回来洗澡。那种团队革命情感以及一致对外的凝聚力，一直让我记忆犹新，而且当然喽，我也是那些热心帮大家烧热水的人之一，此亦是“服务式领导”的具体展现。

至于“勇于尝试和创新”的领导风格，则是体现在实验室里。我在东海主修的是化工。那个年代的台湾正值经济起飞，石油开发产业很火热，所以化工系也算是热门科系之一，虽然一度很懊恼没能考上台湾大学，但实际进入东海就读之后，便打消了重考念头。因为东海很小加上大家都住校，同学们天天生活在一起，兄弟般的感情很快就建立起来，况且全班20多人，爱打篮球的一大半，甚至可以组个左撇子队对抗右手队。于是就渐渐喜欢上东海那种温馨又自由的校风，舍不得离开了。

印象中，大一要做基本化学分析实验，那堂课最有趣的就在于期末考，老师会给每个同学一支装有液体的试管，让我们通过实验找出每个人不同液体的组成元素。虽然实验过程繁杂，我却很享受如侦探一般慢慢用线索找真相的乐趣，而那种逻辑思考的方式亦是我所偏爱的。

我也很着迷于将不同化学元素混在一起后产生的化学反应，尤其是颜色上的层次变化。这种惊喜感若要以多数人都有过的经验来比喻，可以把它想象成当我们使用水彩颜料画画时，明明见黄是黄、见蓝是蓝、见黑是黑，但三者混在一起后，竟然就变出一个预想不到的墨绿色。而且化学元素更奇妙的一点是，有些明明看起来是无色的两种液体，加在一起后竟撞击出不可思议的缤纷色彩，迷人极了。

后来在研究所及杜邦化学实验室，我发现自己蛮爱去尝试用不同的方法来解决问题或改进产品，虽然失败的次数不比成功的次数少，但从失败中往往学到比成功更有价值的经验与教训。

另外，谈到“领导”一词，很多人总误以为，那是在主管和下属之间才会用上的字眼，殊不知领导内涵无所不在，而且学习领导的第一步理应从自己开始。身为自己生命的主人，唯有当我们先厘清自己是谁，内心真正的渴望和追求是什么，才有办法通过自我领导的方式，慢慢把自己导向真正想去的地方。

▶ 选择好的学习对象

在自我领导这条路上想走得又远又稳当，找到好的学习对象是十分重要的事情，“与智慧人同行的，必得智慧；与愚昧人作伴的，必受亏损”清楚指出选择激发我们不断追求进步的榜样是谁很关键。

为什么从小我就向往如小鸟般在天空飞翔？原因多少跟叔叔有关。他很优秀，不仅是我们家唯一考上台湾大学的人，还主修机械系的航空工程，毕业后又到空军服役，常会跟我们这些小萝卜头聊飞机的事，听得我一愣一愣的。当时我常想，若是长大后能当飞行员开着飞机在天空自由翱翔，那该有多棒，哪知道初中就得了近视，根本过不了体检那一关。

飞行梦落空，热情还是不减，后来的志向变成想当一名工程师，因为觉得工程师可以像叔叔一样从事很酷的工作，比方说盖工厂或基础建设，我甚至想象，未来只要再念个航空工程科系，搞不好还可以去造喷气式飞机。总之，当时只要是能跟飞机扯上一点关系，我都很有兴趣。

殊不知，人生宛如接力赛，随着生命阶段的年年推进，影响我们的人自然也会一个接着一个进入我们的生活。上了大学之后，受到东海有很多外国老师的氛围影响，我开始对西方文化产生一些好奇，加上英文课采取小班制，用英文跟外籍老师对话的正向经验，也奠定了我对英文的信心。所以在服完兵役之后，我选择只身赴美攻读研究所。

赴美深造是我人生中极重要的一个决定。这个决定，让我有幸进入美国企业工作，在健全的企业文化和体制下慢慢茁壮成长；也因为这个决定，让我顺利追求到从小结识，但高中就赴美求学的妻子Eerine，进而因为受到她的优秀所刺激，原本在校成绩平平的我，课业表现自此不断地进步。

婚后，我们去得州农工大学（Texas A&M University）念书，我攻读化工博士学位，Eerine在普林斯顿大学(Princeton University)念的也是化工，毕业后转念工业工程硕士。夫妻俩一起当学生，看到她的每一科学业成绩都是A，成绩好到陆续被工学院学会和工业工程学会邀请为荣誉会员，心里有些压力又好生羡慕，因为受邀为荣誉会员不仅很有面子，有了这个资格认可，日后找工作也很有帮助。

因为Eerine在身旁作为学习对象，也知道毕业后进入社会就无法像在学校一样浑水摸鱼而是要见真章，因此开始倾全力冲刺博士班课业。有门“化工热力学”，在大学和硕士班我都修过。印象中，大学时的成绩很烂，刚好“低空飞过”，在硕士班虽然成绩还不错，但说实在也不是很懂，直到博士班阶段，才真正下功夫把观念搞通了，后来甚至连教科书后面的每一个习题我都解得出来。

经过一段时间的努力，学业总成绩开始进入班上前10%，也如愿获得荣誉工程学会（Tau Beta Pi）和荣誉化工学会(Omega Chi Epsilon)的邀请，成为他们的荣誉会员。对于这辈子没拿过什么大奖的我来说，能够取得美国全国性的荣誉肯定还是相当开心的。更重要的是，也借此向自己证明了，只要愿意用心和努力，很多事情终有成功的一天。

目标先小后大，一步步累积自信心

说到这里，特别想跟读者朋友相互砥砺的一点就是，自我领导的过程中，一个很重要的关键是，要不断通过实际目标的达成，来改写对自己的刻板印象，进而建立新的自信心。

自信心的搭建有时就跟爬楼梯一样，必须先具备一个阶层的自信心，我们才敢放胆去追求处在第二个阶层高度的目标；同理，等到第二个阶层的自信心坚固了，我们才又会开始梦想第三或第四阶层高度的事物，并将之设定为新的阶段性目标。一旦在这个自我挑战的过程中，慢慢培养出积极向上的态度，以及对自己永不放弃的信心，那么未来无论是面对再大的困难或目标，都不至于会感到却步。

一如现在的我，凭着过往的自信心累积，以及生命眼界的不断拓宽，阶段性目标的难度也越来越高。特别是当在Speaker课程训练中，听到一位巴拉圭女孩Gaby Teasdale分享如何实践梦想之后，我发现自己的梦想格局被大大扩张了。

Gaby先前因为参加约翰·麦克斯韦尔的训练课程，萌生了想改变国家文化和价值观的梦想。结业之前，她跟约翰·麦克斯韦尔要了一本他的书，并请其在书里签名，以便返国后送给总统。当时约翰·麦克斯韦尔好奇地问她："你认识总统吗？"Gaby回答："我不认识，但只要书里有你的签名，我就有机会把它送到总统手中。"虽然半信半疑，约翰·麦克斯韦尔还是亲切地将签名著作送给女孩。

令人想不到的奇迹发生了！几个月后，约翰·麦克斯韦尔果真收到巴拉圭总统的邀请，希望他可以把讲师团队带到巴拉圭，为当地包含官员和老师在内、总计高达25000位的领导者做培训。这一切全都是因为这个女孩，约翰·麦克斯韦尔借此砥砺现场每位学员勇敢做梦，有时候只要愿意踏出一小步，假以时日便有可能成就大梦想。

2016年8月我亲眼见到Gaby，她不过30多岁。这位年轻且勇于做梦的学习榜样，让我不禁开始思考，甚至在心里种下这么一颗梦想种子："啊，有没有那么一天，我能将约翰·麦克斯韦尔的教导在华人社会中推广，让更多华人受益。"

我知道这是一个很远大的梦想！但别忘了，自我领导本是终生课题，只要不断走在学习和开拓的道路上，人生永远充满各种可能性！

【右脑学领导】先实现小目标，方能积累大目标的自信

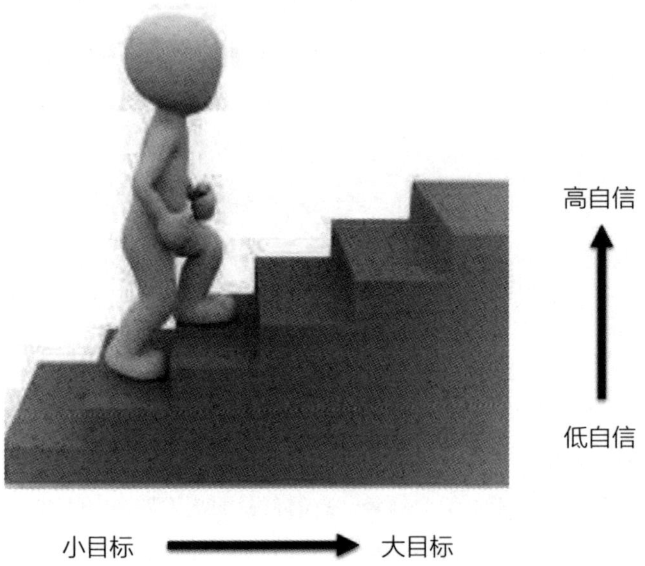

▶ 建立对专业的自信和安全感

在谈建立对专业的自信和安全感之前，先请大家思考两个问题：第一，我们是个喜欢且实际做到终身学习的人吗？第二，我们自认是个竞争意识很强的人吗？

实际上，谁都不喜欢输的感觉，因此所谓的“竞争意识”即使本身不自觉，心里还是多少有一些。况且适当的竞争反倒能促使人奋发向上，并非坏事。真正要反思的是自己究竟是在跟谁竞争？是跟自己呢？还是跟周遭的其他人？

除了学生时代在球场上，基于为个人和团队争光而不断求胜，早期在职场上，看到别人有杰出的表现就会在心中比一比外，到了每年评考绩的时候，也会很在意考绩有没有比别人好。因为有那样的竞争心态，有时候就会不太愿意帮助同事，合作的意愿也会比较低。直到1996年，到台湾杜邦担任副总经理，遇到了一位荷兰籍的老板，我才慢慢建立起在职场的安全感。

犹记得，当时因为刚从研究技术领域转换到市场营销，心里有很多的忐忑和不确定，也担心自己的表现不如人，而这位荷兰籍老板不仅会在专业上细心指导，还同时给予很多的鼓励和信任，减缓了我内心的紧张和不安。特别是到后来，他把我提升为亚太地区营销市场总监，在年度性的全球营销团队会议当中，他见我总是现场最沉默的那一个，便会主动点名，说：“Thomas，你有什么想法？”让我有机会发表自己的观点。

他的刻意提点，看似一个小举动，对当时的我来说却意义重大。比起在场大多数的营销主管已有20年以上的经验，我的经验才四五年，远落后于他们。自认应该多听多学，所以我常常不太敢主动表达意见。

后来我在欧洲工商管理学院教授艾琳·迈耶的《文化地图》一书中了解到东西方文化对沉默反应的差异，这是我很少发言的因素之一。但因为荷兰籍老板指定我发言，并且肯定我提出的不同观点和意见，才慢慢触发我表达的才能，其实每个人都有上天赋予的独特恩赐，与其担心自己比人差，不如好好思考有没有把恩赐发挥出来。

当我心里想的不再是“要比别人好”，而是“希望每个人都一起好”时，内心的安全感便油然而生。这也就是为什么，后来我常告诉团队成员们说：“我们最大的竞争对手就是自己，所以要常常问自己的不是今天我赢过了多少人，而是今天的自己有没有比昨天更进步。”

投入教职之后，我也常教导学生说我们是在跟自己竞争，因此关注的焦点理应在于，今天的自己有没有比昨天进步些，明天又会不会比今天更好些？还有就是有没有找到自身的潜力？找到以后有没有充分发挥出来？若上天给我的恩赐是100分，我有做到20分吗？有超过50分吗？还是更高些？

终身学习，有助于潜能的开发

每一个人的天赋和特质本来就不同，个人需要聚焦在自我潜能的开发，只要潜能一天比一天更加得以发挥，便是一种成长和进步。至于如何持续维持在进步状态？这就又回到一开始请大家思考关于终身学习的提问。

Eerine目前在台湾中华大学参与“职场软实力”教导品格的课程。曾经听她分享说，有次邀请快毕业的学生班级，为自己的第一份薪水做预算规划，结果发现全班六七十个人当中，只有一个人的预算项目中有列出“学习”这一项。而放眼我们的生活周遭，经验法则确实也印证了这一现象，也就是很多人在踏出校门之后，就把进修学习的选项摆在一边，只专注于眼前的工作。

我并不否定认真工作的重要性，但一个人若是没有适时补给专业能量，只是不断在工作中付出，外在或内在都终有被耗尽的一天。也正因为看到问题严重性，在上约翰·麦克斯韦尔的领导管理课程时，常会听到他强调身为领导者，我们最重要的工作就是替别人或公司加值，然而我们却没有办法给出自己所没有的东西。

约翰·麦克斯韦尔常会问学员们两个问题："我们对自己有什么样的培养计划？""我们对旁边的人有什么培养计划？"他强调，每个人一定要从自己开始，刻意为自己打造一个培养计划，才会真正去落实，否则的话很多人只是想一想或讲一讲，碰到困难或太忙就放弃掉了。

以我个人的经历来说，打从在美国得到第一份工作后，我就会买激励课程的录音带来听。时至今日，即使已经退休两次，我还是维持着不断进修的习惯。

先前还在职场奋战时，因为对自身专业具有一定自信，对职场环境亦建构起一定的安全感，我当时的座右铭就是："工作安全的保障就是把工作做到不再需要我。"这句话乍听之下好像对自己很不利，实际上并非如此，其背后的逻辑是，唯有当我们把一份工作做得够好，同时还能够培养出合适的接班人，让大家都能成长进步时，我们才有机会继续往上升迁，或是有机会接受更有挑战的工作，否则的话，就永远走不出原来的位置。

这个思维跟大众认为应该要尽量证明"这个工作，没有我不行"很不一样，也只有具备足够专业自信和安全感的人，方能真正体会这句话背后的真义。因此在这里也鼓励并邀请大家，让我们一起不断朝这样的境界前进。

领 导 力 养 成 之

五 个 成 长 阶 段

二

向上领导

▶ 直接讨论绩效，拉近认知落差

坊间有很多管理方面的书籍都在教导大家如何“向上管理”，我个人并不是很认同，因为我们没法管理上位者，我们可以做到的是影响上位者，也就是“向上领导”。与其等老板来要求，不如先发制人，主动针对老板喜好下手或达成老板期望，如此就能在职场上游刃有余。

有个十锭银的比喻是个很棒的向上领导的例子。故事是说一位富有的老板要远行，便将钱平均分给十位仆人，让他们去做生意。其中一位仆人以一块赚了十块，老板回来后说：“好，良善的仆人，你既在最小的事上有忠心，可以有权管十座城。”我个人是深信向上领导的，过往也曾因此受惠不少。但在此特别强调，这不是去揣摩上意，而是借由多与老板沟通，去影响他们。

延续先前提到的荷兰老板，他之所以令我至今仍感念在心，是因为他不只会在公开场合肯定下属，亦乐意在实际绩效上回馈个人的努力付出。举一个例子，杜邦公司有这样一个规定，个人职位升了一级后的头一年，考绩不可以是最优等，原因是升级后，公司设定的绩效标准会相应提高，大多数人不太可能在刚接任的第一年就能在每一项目标上都超越老板的期望，但我当时却打破了这一惯例。

在升任台湾杜邦副总经理并担负市场营销的头一年，短短七八个月的时间，我就成功将杜邦莱卡弹性纤维推向中国台湾市场占有率第一名，营业额超越韩国，勇登亚洲第一。虽然荷兰老板原想比照公司规定来评考绩，但我秉持着向上领导的精神，主动拿出数据跟他谈，那些数据包含市场销售的成绩、团队回馈，以及客户的满意度，他也果真破例在升迁那年就给我最优等考绩。

看到这里也许有人会说自己不是一个喜欢出风头的人，考绩就随老板评就好了。关于这一点，我要特别澄清的观念是，以客观数据让老板看到自身的优异表现，或主动询问老板对自己的评价如何，并非是在出风头，而是一种负责任的做法，亦是向上领导很重要的一环。

虽然杜邦长年来都有一年一次（后来改成半年一次）的绩效考核，借此拉近下属与主管之间的期望值，但我早在公司实行年度考核的阶段，每次只要转换一个新工作或刚换一个新老板，我差不多三到六个月就会主动跟老板做一个小型绩效评鉴。

我个人觉得这是一个蛮好的向上领导方式。越早认清自身表现与老板期望之间的差距，就可以在年度结束以前做调整，以免等到年度绩效回顾时才接到震撼弹。原本自以为一整年表现良好，结果在老板眼中却是一事无成，那恐怕就为时已晚，而且经验法则证明，这种认知落差的情况确实有可能发生。

2008年任职于远东集团时，我曾被派到GE克劳顿管理学院去进修，留下了非常深刻的印象。当时有一名课程讲师也是GE的资深副总裁跟我们提到，GE内部有高达70%～80%的员工，自认为年度绩效应该是最优的A等。这就是说，大多数的GE员工都认为自己的表现“总是超越老板的期望”。

顺带一提，在GE及杜邦绩效考核的评比标准中，继A等之后的B等，代表经常性超越老板期望；C等代表仅仅达到老板要求；D等则是意味着需要改进。一般来说，公司给主管的分配法则是，除了少数的10%～15%的人会落在A等和5%～10%落在D等，其余80%的人都是落在B等和C等。

在这个现实基础上，再回头来看GE员工的绩效自评结果，便不难预料到，年度绩效结果出炉后，有多少GE员工会对主管感到失望和愤怒，甚至还可能因此离职也说不定。但倘若可以将时间倒转，让员工提早获悉在老板眼中的表现水平，即使后来发现绩效只被打了B等或C等，也不至于会那么愤愤不平。

举这个例子，就是希望让大家切身感受到，很多时候身为下属的我们，评估事情的角度未必跟主管一样。这亦是为什么在当上主管之后，我总会特别提醒下属在考绩系统写下自己的意见，目的就是要给大家一个争取考绩或表达不满的平台，特别是东方儒家思想总是教导我们要低调内敛，这样的回馈机制有时反而比要求员工当面表达意见来得可行许多。

回到向上领导的这个主题，我还是要给大家一个观念就是：其实最好的向上领导，就是先做好自我领导。以前常听到老板对员工说“只要努力工作，公司自然会好好照顾我们”，但实际上不管公司如何承诺，每个人都要学习为自己的前途负责。负责的方式就是要知道怎么准备好自己，怎么把自己培养成一个更好的领导者，以及怎么样可以让团队觉得有我们真好，如此一来，老板才会为我们加分。

▶ 主动提解决方案，但顺服老板决定

另一种向上领导的态度，就是主动向老板提出更好的解决方案。

所谓的主动，就是指每一个人在被领导的时候不应该什么事情都盲从，也不能只是被动地接受老板命令，更不能缺乏独立思考的能力。换句话说，身为一个善于向上领导的员工，要随时懂得判断该在什么时候做些什么，才能帮老板解决问题和创造价值，并且要在别人都还没有看到的时候就主动出击，这样表现才会真正出乎老板的意料。

在与荷兰老板共事的那段时间，受益最多的部分就是他在提供大方向之后，通常会放手给我空间去闯。必要时候，我也会针对不是很清楚的部分，如阶段性目标，主动去跟老板当面厘清，建立共识。当我发现和老板目标一致、执行策略却不同的时候，也会以更长远的差异化角度来思考，尝试提出一个更理想的方案供老板评估。

举例来说，总部为了迎战市场上的竞争对手，提议要打造

一个次级品牌来筑一道“防火墙”，保护我们高单价的市场并且抢攻竞争对手的低价市场。这个策略乍听不错，似乎可以有效扩大公司商品的覆盖率，然而一体两面，获利背后也可能因此牺牲原有品牌的格调，降低其在消费者心中的价值感，进而流失一部分客户。

况且我向来认为，做出质量与服务的差异化才是巩固品牌价值的王道。我负责公司的内衣、泳衣和运动服商品系列，不像成衣系列如衬衫或外套等商品，只会用到一点点莱卡成分，即使被差一点的原料取代，穿起来也不会有什么明显差异。但讲究舒适和机能性的内衣、泳衣或运动服就不一样了，以当时生产的内衣为例，莱卡比例少说有20%～30%，因此原料质量一调降，消费者马上就感觉得出来，而且既然价格较高，质量当然更要守住，岂有让次级品牌来打乱自家商品定位的道理？

将利弊得失分析给老板之后，他终于接受我的折中式提案，最后指示“打造次级品牌的策略”仅须落实在成衣系列，我负责的内衣、泳衣和运动服系列则照常主推单一品牌。虽然之后很遗憾地，在我离开那个岗位没多久，公司还是全面推行了次级品牌策略，并因此落入市场削价竞争的恶性循环，但至少我在任职期间，仍尽力把价格和市场保护得不错。

只不过话又说回来，当初若是老板执意要求各商品线都要配合推出次级品牌，最终我还是会选择“顺服”，而这也正是接下来要跟大家分享的，一个逆向思考的向上领导观念。

在“提高思维”一节中提到要训练自己以老板的老板的

眼光来看事情。在亚东工业（苏州）有限公司担任总经理时，最重要的工作是早日将新建的工厂带上正轨，创造利润。我看到越来越多的竞争对手进入工业丝、工业布的市场，尤其是在中国大陆。其中一家对手来自土耳其，原属杜邦，技术能力非常强，在欧美有稳定的市场。我尝试提升两个层级来思考未来，提议上级，与他们联手，共同开发技术及客户，并且利用他们在欧美和我们在亚太的生产能力及渠道优势，一起来扩大市场占有率。虽然我的提议被搁置，但至少我曾努力为企业思考未来。

自己当了老板，才懂得换位思考

希腊哲人亚里士多德是亚历山大大帝的尊师，他曾经教导亚历山大说："假如你不能够成为一个接受命令的人，那么就不能做一个好的指挥官。"这句话对我的影响颇深，常借此勉励自己若是想成为一个好的领导，一定要从学习被领导开始，而当我们发自内心愿意被他人领导时，便是顺服态度的展现。

然而顺服对年轻气盛的员工来说，这确实是一大挑战。1993年5月，当时我已40出头，被杜邦外派到中国台湾协助成立亚太技术服务中心，只花了11个月的时间就完成任务，替公司节省下不少外派费用。原以为自己的表现超越老板期望，哪知道年底考绩一公布，我期望拿的考绩是A等，结果得到的是B

等，原因是直属老板认为当年度我只在美国部门工作半年，其余半年是在中国台湾，即使在中国台湾表现良好，但没有贡献到他管的美国部门。

很明显地，相较于直属老板是站在部门立场思考，我看待这件事情的角度则是，身为美国杜邦员工，外派一样是在替公司做事，理应把我在海外的表现列入绩效考核范畴，才称得上是合情合理的做法。当时因为咽不下这口气，亦不甘心顺服直属老板的考核标准，我做了一件至今仍感到后悔的事情，就是越级告状，而且还是越过两个老板，直接向全球总裁申诉不满。

越级报告本来就很敏感，高层亦不乐见，所以整件事情的结局就是我被调离了原部门，直属老板也因此被大老板盯上，我们谁也没有因此从中获益。事过境迁，当我后来自己当了主管，了解到原来评考绩不单单只是看员工表现，还必须符合公司要求的常态分配，这才体会到主管难为，也为自己不成熟的举动更加深了对那位直属主管的歉意。

如果时间能够重来，我会以更圆融和顺服的态度来处理这件事情。也就是说，我还是一样会向直属老板反映不满，但不同的是，即使发现沟通无效也不会越级报告，而是改为邀请直属主管一起去找上一级的老板讨论，看是否能共谋出一个比较合适的解决之道，让彼此都有所增长和学习。

也因为年轻曾经犯过错误，日后和顶头上司意见相左，若是沟通无效且评估老板的做法不至于违背企业伦理，我通常会倾全力支持，不会暗地里扯后腿或敷衍了事表面应付一下。再怎么说，老板都是最后要负全责的那个人，身为下属跟随指挥前进本来就是应该的，而且借此也可培养出与老板之间的信任和革命情感。

更不用说，若我们自己身为下属时都不懂得顺服，有朝一日成为领导者，哪来立场要求下属展现顺服的态度呢？

领 导 力 养 成 之

五 个 成 长 阶 段

三

横向领导

▶ 横向领导的内涵：建立同盟感

领导无所不在，也无处不适用。很多人在形容同事间的互动状态时，经常喜欢以“人际关系”或“职场关系”等名词来指称，却忽略了其实人与人之间本是一种相互领导的关系，且这对于需要共同完成一个工作项目或目标的同事组合来说，更是如此。

过去在团队中，经常被老板指派担任协调者的角色。印象最深刻、同时也是我在美国杜邦担任研发工程师期间最受公司肯定的一个工作项目，就是把在实验室研发出来的突破性产品成功地移转到工厂进行量化生产。制胜关键，正是因为充分发挥了横向领导的精神。

当时，公司一位极度聪明的科学家肯特·史密斯博士发明了为美国能源部提供给人造卫星在太空飞行时需要的放射能源晶体，让公司非常振奋。然而奇怪的是，相同的制程，在实验室里的良率明明高达90%，一转换到工厂竟然就直接砍半，连50%的良率都不到（意即10个晶体当中，不及一半符合良好等级的标准）。

理想上，一个符合标准的晶体，看起来应该像是一块方糖，而且必须有足够的厚度。原因是，初步产出的晶体后续还要经过一连串的高温压缩，晶体太薄的话，很容易因为轻微的碰撞就破碎，造成后续制程的麻烦，因此未及一定厚度的晶体皆须事先淘汰，而此举必然会提高公司的生产成本。

除了成本问题，当时还有一件事情更让公司高层感到困扰，那就是科学家与工厂之间剑拔弩张的关系。工厂试了几次，良率都不见改善，科学家便认定是工厂的人故意捣蛋，不想合作，才没有好好调整制程，导致量产计划一再失败；工厂一方则认为是科学家搞不清楚状况，不知道工厂环境跟实验室本来就不同，制程应该需要调整，但科学家仍坚持他的配方及制程条件。最后的结局就是两边怪来怪去，量产之日遥遥无期。

“那你就死马当活马医吧！”眼见再这样耗下去也不是办法，当时的老板便跟我说，“Thomas你是新来的，没有包袱，工厂的人对你没有成见，你要不要去试一次，看可不可行，若试了之后还是无法提高良率，那就算了。”

于是我开始埋首研究科学家的制程设计，并且花了许多时间和心思跟那位科学家相处。由于先前跟工厂不甚愉快的互动经验，有一段时间科学家根本拒绝与任何人谈他的研究，直到过了很久，他才愿意敞开心扉分享当初是如何设计出这样的配方和制程。

配方部分不是我的专长，所以必须先了解配方和制程之间如何搭配到最好，同时调控工厂的生产条件，才能顺利把实验室制程转移到工厂，让配方在制程里生产出该生产的产品。

在不断找问题和解决问题的过程里，因为工厂白天要正常生产，半夜才有时间做实验，因此我就在下班之后窝在工厂跟他们一起“混”到半夜，后来发现问题可能是出在过度搅拌。我也回到实验室模拟不同程度的搅拌对晶体成型的影响给大家看，建议工厂先尝试调整搅拌转速，他们也相当配合，良率果然改善许多。

用行动让对方感觉相互之间是生命共同体

这种一起作战的同盟模式，让工厂的人印象非常深刻。他们不仅回馈说，我是实验室第一个愿意晚上来工厂的人，当我们成功将良率提升到80%以上，也就是任务完成之后，工厂大老板还特地写一封信给研发中心的大老板，表达说：“很谢谢Thomas，这是一个很好的合作典范，工厂与实验室之间应该就是要以这样的方式合作。”

至于我跟科学家之间的同盟感又是如何建立起来的？关键的环节之一，就是我会把他提供的一本本研究报告，彻头彻尾读上好几遍，意即我会先勤做功课，让对方感受到研究心血有被重视。人说，见面三分情，更何况当我们带着一个谦卑且愿意理解的态度去跟对方互动，面对这般真诚和热情，就算是冷若冰山的人，大概也很难不被融化吧！

实际上，横向领导的概念，除了可运用在同事之间，也很适用于客户关系的经营。过往还在国内知名企业远东集团任职时，只要一有机会，我都会亲自带着团队成员到国外拜访大客户。这种做法带来的效益是：其一，客户们都觉得很受宠若惊，跟我们之间的合作关系更加巩固；其二，通过面对面地直接沟通，让我们可以快速了解客户的市场策略，进而响应其需求或替对方解决当前的痛点。

比方说，我们会通过原物料价格打折的方式，跟客户一起研发新产品，开发出来之后，客户因为是市场唯一供应者，可以卖的价格最高，利润也最多。有了这样的营收利基和革命情感，客户不仅可能因为新产品推出而增加原物料订单，未来在洽谈其他合作时，基于互惠原则，客户也比较不会在细节上斤斤计较。

当然，并不是每一次的合作经验都那么顺利。如同做生意需要碰点运气，一样是投资5分，有时候可以拿到50分回收，有时却可能连5分都拿不到。但无论如何，我始终抱持的一个信念就是，在自己可以生存的前提下尽力帮助对方成功，因此到后来，我跟许多国外客户都变成了朋友，有些到现在还保持着联系。

综合以上经验想跟大家分享的是，相较于短暂的职场利害关系，以同盟情感为基础的伙伴关系，其实是需要通过一点一滴的小事情去累积，方能慢慢建构起来。即使过程旷日持久，所需投入的心思也很多，但好处是这样的同盟关系一旦建立，无形之中将会更容易引领对方前往目的地，进而完成阶段性的目标，创造出自己、对方，以及公司皆受益的三赢局面。

领导力养成之

五个成长阶段

四

向下领导

▶ 带下属成功，也帮助他们不怕失败

领导下属的方式上百种，比起坊间绝大多数的管理书籍，旨在教导大家如何带领团队通往成功，在这个篇幅里，我更倾向带领读者们看到的是，如何帮助员工“不怕失败”。为什么？原因很简单，失败为成功之母，若是员工受限于害怕失败而不愿尝试，那就根本连成功的机会都没有。

20世纪80年代，初入职场没多久的我，曾在约翰·麦克斯韦尔的励志卡带中听到一个小故事，至今仍印象深刻，也因而在心中植入了“不要害怕失败”的信念。

约翰·麦克斯韦尔有次带着年约六七岁的侄儿去打少年棒球，相较于其他球员个个人高马大，脸上还带着有点凶悍的表情，约翰·麦克斯韦尔的侄儿显得既弱小又怯懦，简直快被吓坏了。

侄儿上场之前，约翰·麦克斯韦尔这么对他说：“只要用力挥棒就可以了。”结果，咻——，挥棒落空，“用力挥棒就好，不要怕。”接着，咻——，再度挥棒落空，“太棒了，挥得

好！”到了第三次，咻——，还是一样挥棒落空，“太棒了，我以你为傲。”

约翰·麦克斯韦尔的反应，让一旁的队员和家长们都看傻了眼，心想他的侄儿明明被三振出局，害球队没得分，没责怪就算了，怎么还反过来大大肯定他一番，因此有家长气得跟约翰·麦克斯韦尔理论，双方差点打起架来。

但约翰·麦克斯韦尔就是约翰·麦克斯韦尔，冲突过后，还是继续给侄儿做心理建设，告诉他说：“你真的做得很好，因为不管好球或坏球你都尽力挥棒，这样就很棒了！”随后，侄儿第二次上场担任打击，照样三度挥棒落空。第三次上场，很幸运，侄儿的球棒稍微碰到了球，球没出界，约翰·麦克斯韦尔见状，立马冲下场陪侄儿跑完一圈人生第一次的内野全垒打。也因那次的经验，他的侄儿非但没有放弃棒球运动，还在大学时期凭借着优异的棒球表现拿到奖学金。

“尽管挥棒，总有一天会打到球！”这就是约翰·麦克斯韦尔想借由他跟侄儿的故事，传达出来的一个正向信念。放诸于我们的现实生活当中，不也是如此吗？无论是面对生活或工作中的困难，每个人都像是站在棒球场上的球手，随时准备迎接外在环境掷来的变化球，能不能击出漂亮的全垒打或是安打，我们谁也没把握，但如果因为害怕打不到球就索性不挥棒，那么就连小小得分的机会都没有了。

放下得失心，肯定能力突出的一面

至于要如何才能不怕失败？很重要的一个内在调适就是：放下得失心。只不过这一点，对于在华人文化背景下长大的孩子来说，更准确地说应该是这些孩子的父母，尤其不容易。

大家不妨回想一下，小时候把成绩单拿回家给父母看时，他们称赞说，啊，某某科考满分耶或是平均有90多分耶！还是会责问为什么其他科目都满分或90多分，某某科却只考了80分？我猜大多数人的经验是偏向后者。

“己所欲，施与人”，我从小就喜欢被老师、教练鼓励，它常是激发我更努力的动能，尤其在美国工作被众多老板肯定，让我回到亚洲后，相较于大多数的华人主管的权威式领导，我习惯以鼓励代替责备，有失职时甚至会主动向员工道歉，让许多人受宠若惊。

2013年投入教职后，我也注意到，台湾学了可能因为甚少受到鼓励，而缺少自我挑战和承受失败的安全感。有个学生都已经上了我大半学期的课，却在期中考后把课给退掉，理由是不敢上台做口头报告。这让我颇为意外，因为那位同学看起来虽然有些腼腆，但身为学校火舞社的社长，站在众人面前展露自己，对他而言理应不是太陌生的事。

那是一门关于沟通的课。我还特别请同学把他找来勉励说：“趁着在学校这个安全的学习场域里，赶紧多加练习口语表达能力，也许很快就可以克服心理障碍，否则以后面临公开场合，你只会变得越来越不敢开口，进而阻碍未来在职场的发展。”可惜，那位同学最后还是选择放弃上台，白白错失了一个突破自我的机会。

尊重个别差异，避免口出羞辱恶言

焦点再度拉回到向下领导的内涵。除了尽量鼓励下属不要害怕失败，我个人竭力谨守的另一个原则是让下属感觉被尊重，实际体现于外，便是不轻易发脾气，也绝对不讲出任何羞辱人的字眼。

在外商企业工作近20年，印象中，我几乎不曾见过外国老板在下属面前大发雷霆，或当众辱骂下属，顶多就是讲话严厉一点。以美国杜邦为例，人人皆须遵守的企业核心价值之一就是“尊重人”，若是上司对下属或是同事对同事做出人身攻击，像是骂人家猪啊、笨啊，便等同违反天条，轻则被处分，重则可能被革职。

艾琳·梅耶在《文化地图》一书中提到对人有所批评时，文化的差异带来的表达方式也很不同。譬如法国人就很直接说缺点，但美国人则被训练为了不太伤人心所以得先说三个优点才会再说缺点。因此当美国人称赞我们时，不要太早得意，要耐心地听下去！

同样是体现尊重原则，在带领团队时，我也很重视每个人的独特性。很多观念比较传统的领导者总认为，一定要把员工训练成耐操耐磨，而且一个口令一个动作，才是在帮助员工成长。实际上，我还是倾向从团队角度来带领一个人，同时接纳和尊重个别差异，再尽量做到异中求同，凝聚团队共识。

返回亚太接任台湾杜邦高层主管一职时，恰好碰上一个拥有美国名校博士学历的员工被公司留司察看，而我是最后一个决定他去留的人。为了厘清前因后果，我与他本人还有和他有工作关联的老板与同事详谈后发现，原来他之所以达不到公司期望，真正的原因是他必须同时向两个老板呈报，一个是管技术、一个是管营销，两个老板专业本位不同，各有所求，那个员工又是位好好先生、不懂得说NO，结果是忙得要死但看不到成果，无怪乎两面都不讨好。

“这样吧！我们一起来建立一套制度，每个月都把两个老板找来一起讨论工作任务的优先级，比如说有五项，那就把这五个优先级重新排列，有共识了，以后就不能再让他们其中一位临时安插任务进来，打乱原先次序，你觉得如何？”听我这么一说，那个博士员工仿佛见到救星一般，眼睛都亮了起来，而且果不其然，之后他的工作成效马上就展露出来，成为公司相当依赖的技术人才。

古人说“忠臣不事二主”，很多管理书籍也都会强调在组织架构内，千万不要让一个员工同时有两个老板，否则结局就是会像那个员工一样，陷入两面为难的境地，甚至有可能因此被迫走人。

借由这个例子也可以发现，身为领导者，带领下属的方式其实有很多种。虽然站在公司经营的立场来说，不断激励下属的业绩达标固然很重要，但必要时候也要懂得从人性面切入，设身处地去体察他们内心的害怕或需求，进而予以赋能。经验证实有时候这么做了以后，下属的表现反而会比预期中更好喔！

领导力养成之

五个成长阶段

五

360度动人领导

▶ 最动人的领导术，就是用“心”

数十年职场生涯，受到很多前辈和主管的提拔，让我至今感念在心，而其中印象最深刻的一次被领导经验，是在沃利（Wally）麾下的时候。身为波兰裔美国人的沃利，是美国杜邦一位资深研发经理，也是上级倚重的制程专家，帮公司打赢了几场关键的专利官司，是个严谨的专业经理人，但实际互动过后才发现，其实他拥有一颗温暖细腻的心。

当年，在加入沃利的部门之前，他就先贴心地主动发来一封电邮。信的内容大致是说：“Thomas，我不知道有多么幸运，可以有像你这样优秀的人才加入我的团队……”我看了心里很激动。那时所属的台湾建厂团队，因鹿港环抗运动待命多年，终于在1991年接获通知建厂案得到台湾相关部门的许可，全部团队移师台湾开始建厂工程，我因为加入团队才一年，欠缺相关经验，不在派往台湾的名单上，自尊心受到不小的冲击，然而就在收到沃利的信之后，阴霾马上一扫而空。

加入沃利团队没多久，我就被指派担任“打击天然辐射物质小组”的队长。虽然当时挂的职称已经是资深研发工程师，但对这些来自各部门且年纪多半都50有余的资深前辈来说，我不仅年纪比他们小、位阶也比他们低，所以如何带领这个临时任务编组的团队把交付的任务完成，就成了当时最大的挑战。

那是我头一次实际体会到领导力的重要性。在不能以命令方式指挥他们做事的情况下（当然，那也不是我的领导风格），我唯一能使用的当然就是用“心”了，也就是沟通时站在对方的立场去思考，用对方希望被对待的方式来与之互动。

同时，我也很尊重团队成员的专业。当时我们事业部最主要的产品是二氧化钛，二氧化钛是白色粉末，有遮光和抗UV的特效，广泛用在油漆、纸张、塑料，甚至化妆品上，产品只要是白色的大概都有它。

二氧化钛是从矿里提炼出来的，矿本身具有放射性，怎么处理提炼后剩下的那些放射性物质？如何从世界各地挑选到杂质最少的矿区？以及如何在采矿收益和处理放射性物质的成本中取得平衡？所有这些问题都需借用团队伙伴的专业技能。另外，为了做矿石的进出口业务，还需要有懂税收和进出口法规的人在旁协助，以免误触法网，所以每个团队成员都很重要，缺一不可。

生命影响生命，用心造就更多人

我很清楚自己擅长的部分是评估辐射对人体的危害，其余的专业我不懂，所以也不会随意评论说哪里的矿石好、哪里的矿石不好。也不会因为我从哪里听到什么建议就指示团队必须照办，而是尽量让一切回归到团队各自的专业评估，大家再借由讨论来达成共识。

虽然那只是为期一年多的任务编组，压力却大极了。幸而，那时候有沃利常常给予关心、鼓励，以及实际指导如何解决难题，我才得以扛起这一重责大任。当时沃利还做到了，我认为很多领导都做不到的事情，就是很有担当地为我挡下部门间担心辐射这么敏感的政治问题。

沃利曾经当面跟我说过："Thomas，让我来处理那些政治问题。"借此鼓励我放手去做，不要去担心上面大老板会怎么样。每当有一些成果完成，沃利也不会邀功说是他做的，而是会大方地向别人赞赏我说："你们看我团队的Thomas怎么样……"

他的领导向度几乎360度面面俱到，而也唯有这种用心的动人式领导，方能达到"生命影响生命"的高层次领导境界。这也就是为什么，沃利带给我的最大影响早已不限于专业潜能的激发，也让我往后担任高阶经理人的时候，自许要付出相同的心思来对待团队，同时教导团队成员，哪天若是独当一面也要这样带团队。

一转眼，离开沃利的团队到亚洲工作已20多年，每当提及沃利的提携之恩，心中依旧莫名感动，他的妻子也不时会寄些东西关怀鼓励我和Eerine。平均一两年我和Eerine都会去美国探望沃利夫妇，现在的他们已80多岁，搬入老人公寓安享余年。见面时，最常做的事情就是请他们吃顿简单的饭，向他们传达深深的谢意，并且在心中感谢上天在我生命中安排这么一位用心带人的领导典范。

你的人生中是否也遇到过这样的主管，因为他们的用心以对，让你至今仍感念不已？如果有的话，我鼓励主动与他们联系，让他们知道我们的感谢，然后把他们当年教导给我们的动人式领导精神，继续以行动去传承给更多的人。

CHAPTER 6

第六章

领导力养成之
六种价值面向

想活出丰盛的生命就不能只注重工作专业，
还要同时兼顾家庭、健康、个人，以及灵性层面，
方能臻至生命平衡的状态。
而且只要愿意随时接受挑战和改变，
撒下的变革种子将宛如星星之火在各处发光发热，
终有一天会引发燎原之火，带来巨大改变！

领 导 力 养 成 之

六 种 价 值 面 向

一

信仰／价值观

▶ 初衷与动机，建立信仰，有所为有所不为

一个人无论有没有宗教倾向，在生活和工作等层面，多多少少还是会有自己所坚守的信念，我也不例外。

身为一个领导者，我认为在工作中活出信仰，是最美的见证，但如果你以为所谓的工作信仰，只是一些道德上的自我约束，以及品格上的自我要求，那可就把信仰想得太浅喽！我个人所理解的信仰真谛，还包含活出一个平衡的人生。针对这一点，我尤其推崇已故台湾大学工商管理学系教授翁景民提出的“丰盛的生命（Full Life）”理念。

1994年，有幸在一场演讲中听到翁教授的见证分享。自小出身贫寒的他，一直是个非常力争上游的年轻人，顺利取得美国博士学位后便到台湾大学任职，并经常自掏腰包资助贫困学生继续深造。虽然很遗憾，42岁那年，翁教授被诊断出肺腺癌末期，短短6个月后就告别人世，令许多人惋惜不已，但他所活出的丰盛生命的确持续影响着许多人。

平衡分配各层面，活出生命丰盛

所谓丰盛的生命，包含了爱——家人／朋友（Love－Family／Friends）、职场／事业（Professional）、身心健康（Health）、平衡人生（Personal）、信仰／价值观（Spiritual）五大面向。翁教授强调，个人若想活出丰盛的生命，就不能只注重在工作专业这一块，还要同时兼顾家庭、健康、个人，以及灵性层面，方能臻至生命平衡的状态。

为了将这样的理念分享给更多人，我和Eerine常以此架构作为讲课素材，面对听众或学员，我们会特别强调灵性的提升，鼓励他们把工作和信仰合而为一，在工作的场域活出爱与包容的价值观；我们还带入品格教育的推广，让学员们更易于理解和吸收。同时我们也很期待借由这样的分享，让大家明白职场只是人生的一部分，千万不要让生命除了工作还是工作，以免错失很多珍贵和美好的事物。

其次，我和Eerine每逢年底会找个安静的地方，以这五个层面为重点，各自写年度的新计划，完成之后再摊开来讨论，并调整个人规划。譬如爱－家人／朋友的规划，有几年因为我负责亚太地区的工作特别忙还要经常出差，Eerine就希望订下“家庭夜”，那是我们在夫妻婚姻营学到的小技巧。后来就约定每周五晚上为我们的家庭夜，我不出差也不安排公司的任何应酬或电话会议，单纯就是夫妻两个人一起聊聊天、谈谈心，过个很有品质的夜晚。

Eerine很清楚，我花在工作上的时间远远超过五分之一。但信仰教导我们对夫妻、父母子女、工作等应有轻重缓急的顺序，假如工作真的忙到影响我们之间的关系，那我会宁可换工作或辞职。同样的，每当我面临一些重大抉择时，我都会拓宽视野，并且用永恒的角度来定义价值，如此一来就比较不会被那些短期受益，本质却违反企业伦理的事情所影响。

我们可以三问自己：（1）这合法吗？（2）如果在媒体上曝了光，还有正向能量吗？（3）被家人知道，他们会以我为傲吗？来帮助我们做出有智慧的决定。

这也就是为什么，我很鼓励大家学习建立工作核心价值的原因。核心价值的形成受到我们过去成长经验或工作经验的影响，总之有它作为依归，关键时刻才知道如何抉择，并且有所为有所不为，勇敢拒绝不公、不义或不对的事情。

【右脑学领导】兼顾五大层面来拼凑出丰盛的生命（Full Life）

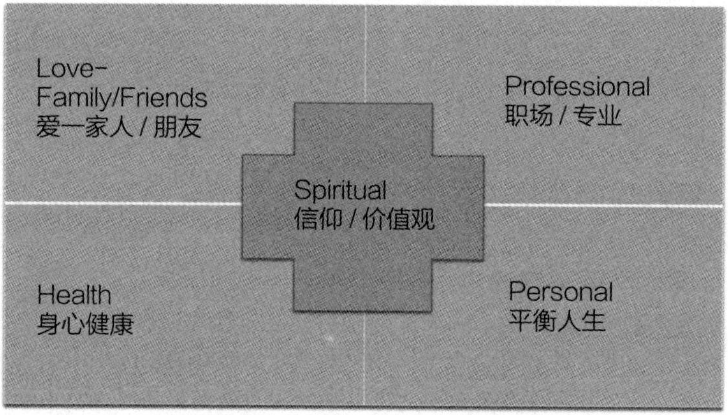

领 导 力 养 成 之

六 种 价 值 面 向

二

职场/事业

▶ 成全各人恩赐，无私培养接班人

“人才是公司最大的资产”，这句话在讲究知识经济的现代，几乎已经被企管界奉为圭臬，但从近年在华人组织做企业培训的观察中，我发现还是有很多老板会将人才培训视为一种成本，而非投资。

成本和投资，本质上来说都是要花钱，成本通常是出于一种“不得不花”的被动心态，投资却是一种愿意主动“开创可能”的态度。至于为什么华人企业在投资人才时这么瞻前顾后，主要还是在于担心员工会被挖墙脚，不如干脆不做，免得赔了夫人又折兵。

殊不知，老板其实应该逆向思考，既然在前面下了那么大功夫把人才招进来，后续更应该要持续想办法协助员工把潜力发挥出来，对公司经营而言才是长久之计。更何况，无论人才有没有跳槽的可能，一个以永续经营为目标的组织，势必还是要建立所谓的“接班人计划”。

外界大多以为，接班人计划只适用于企业老板或高阶经理人的层级，像是台积电创办人张忠谋一宣布要退休，大家马上就转而关注谁是接班人，以便评估这家企业的未来走向和潜力。但严格来说，其实每个重要职位理应都要有接班人计划，以我所待过的公司为例，每一个重要位置都需要有三个候选人被列为重点栽培对象，而且通常不会公开让大家知道，包含当事者。

早期我就曾经被公司列为某职位的接班人之一，却毫不自知。即使到后来，老板间接透露公司对我有所计划和安排，话也说得很保守，只表示我是被认定为很有潜力的员工。直到后来自己担任高阶主管，才在高层会议中得知原来每一个重要职位都要有三个候选人，而且还必须区分为：马上可以接棒；需要再训练一两年才可以接；需要再培养磨炼三年才能接。

美国杜邦强调的是在工作中的学习，公司认为70%以上的训练，应该是在工作挑战中一步一步完成。针对马上可以接棒的人，公司就要赶快看看有没有机会可以给他，表示这个人的能力相当不错，成熟了；一两年后可以接的人，这时候就要说出来给他什么样的培训，或者需要安排什么样的工作让他得到历练；三年以后才能接的人表示还不够成熟，不仅训练恐怕要多一点，给予的工作显然也要多一点挑战性。

当公司有一套完整的接班制度可循，不仅不用担心某岗位的重要人才流失，导致部门运作受影响，对于想积极向上发展的员工来说，也更能激发他们的动力。因此我现在也常提醒EMBA班的学员们，与其担心员工培训后会被挖墙脚，不如先下功夫将企业文化和晋升制度建立好，这样员工就不会被外面的诱惑吸引走。

给予下属不怕犯错的安全感

在我眼中，只要公司愿意给员工挑战的机会、有舞台可以发挥，当他们表现不错的时候又懂得给予肯定，这便是一家好企业；至于何谓一个好老板？我认为是要能够真正关心团队和员工，当他们遇到问题时能像导师一样给予他们方向和建议。另外，还有一点也很重要，就是让员工可以感到被信任，心中有不怕犯错的安全感。

基于上述的理念，我后来在带团队时，常常不吝于把好人才推出去历练。同时我也明确告诉底下的部门主管："各位考绩的标准，有一部分是看你们有多努力把优秀的人推荐出去。"一旦他们把准备好的人才推向更大的舞台去发挥，就代表原来的岗位还要再找人来培养，正因为这一来一往会累了主管，所以理应在考绩上加分。

至于为什么强调安全感？约翰·麦克斯韦尔跟我们解释说，真正的好老板和好企业是愿意给员工成长的机会，但是成长是要靠经历挫折才学到更多，太顺利反而没有学到真正该学的东西。因此这里所谓的安全感，就是指员工知道犯了错老板不会怪罪自己。老板知道这个挑战确实是不容易的，但基于希望员工学到东西，所以愿意放手让员工尝试不一样的挑战。

过往的职涯经验中，我也发现当对老板有安全感时，就敢跟老板说些不同的想法和做法；反之，当没有信任感的时候我就不想表达意见，也懒得去冒险尝试。在此情况下，通常我也很快就会离开那家公司或岗位。

另外，从下属身上我也看到，当给予他们很多安全感时，表现也会很不一样。我告诉下属没有一个人敢说自己没犯过错，应该避免的是“不做不错或少做少错”的观念。教导一个很正向的态度就是“Failing Forward”，即使摔倒也要记得往前扑，这样站起来的时候就又已经往前一步了。这个道理说白了，就是从失败中学习，不要失败了还糊里糊涂说不知道什么地方该修正，那就太亏了。

我非常相信一个领导者若能用心发掘下属的才能，培养其成为重要岗位的接班人，给予可以发挥的舞台，下属都会感念在心。过往带过的团队，即使大家都各自分飞好多年了，跟我的关系还是很好。不久前，几位早年的团队伙伴知道我从学校退休，还向他们的朋友推荐我重出江湖当CEO。

虽然他们的大力推荐，让我很惊讶也很感动，但还是没答应这样的机会。理由很简单，那样的舞台应该留给年轻人去发挥。况且我现阶段的人生使命主要在于“传承”和“成全”，如何通过写书、到海内外管理学院讲课，以及企业辅导的方式，持续带领年轻人活出恩赐、迈向接班，是我当前最希望能为人增值的工作！

领 导 力 养 成 之

六 种 价 值 面 向

三

爱——家人／朋友

▶ 家庭跟职场一样都需要经营

多年前，美国《财富》杂志曾经报道最令人向往的公司，条件除了我们一般所认为的薪资、福利、升迁空间之外，还多了一项“满足家庭需要”，就是公司能不能打造出一个健康的工作环境，让员工在为公司卖命的同时也能兼顾家庭。

基于这样的思维，我带团队的作风跟一般主管不一样。不少人认为，下属越是愿意花时间加班越代表对公司尽忠职守，但我的观念却恰恰相反。早年我常常教导团队成员们，工作固然很重要，却不能因此赔上家庭关系和生活。为了身体力行，我绝对不会刻意选在下班前开会，以免延误大家下班，剥夺了他们与家人相处的时间。

我的做法是：（1）不必要的会议不开，以免劳师动众，打乱各自的工作节奏。（2）既然开会就遵守3P原则，有开会的目的（Purpose），知道为何而开；有开会的程序（Process），有效率地开，准时开始准时结束；还有开会讨论的产品（Product），精准完成当次的会议重点，包括决定和行动计划。

此外，也会明确告诉大家，我提拔人的原则绝对不是看谁留得最晚，而是看谁能在最快时间内把事情做完，并且创造出良好绩效。当然，我也必须坦承家庭生活的经营之道，并不是只付出时间就足够，还要懂得如何用适当爱的语言来经营家庭关系。

拿我和Eerine为例吧！我母亲与岳母在同一小学任教，因此我们从小就认识，并且在我赴美留学之后开始交往、进入婚姻。很多人会用青梅竹马或门当户对来描述。我俩认识了那么久才进入婚姻，理应很了解彼此，从此过着幸福美满的人生。实际上却不然，如同大多数人的婚姻一样，婚后大大小小的争吵，加上膝下无子，少了孩子作为关系牵绊，我俩的婚姻有点像坐云霄飞车，曾多次陷入快要走不下去的景况。

幸好，1994年，在李长安、冯志梅夫妇推荐下，我们去参加了一场在美国举办的夫妻婚姻营（Marriage Conference），为我们的婚姻带来奇妙的转变。那是一个为期三天两夜的活动，除了听演讲者教导如何经营婚姻，更看到那么多对夫妻演讲者结婚三四十年后仍保有那份甜蜜与喜乐，让我和Eerine很受激励，心想，那才是我们想要的婚姻关系。

关系里最重要的是接纳，而非公平

如果问我，在婚姻营学到的经营之道是什么？老实说，课程内容我已经忘得差不多，唯一让我印象最深刻的一个原则，就是成功婚姻不可或缺但也是最难做到的是“完全接纳”。

当时的这个教导，让我有很深刻的反省，因为相较于完全接纳，以往我在婚姻经营上确实比较主张要“公平”。经过那次学习才明白，虽然家庭跟职场一样需要经营，诀窍却大不相同。职场是个倾向讲“理”的地方，管理态度和制度订立必须尽量公平，是非对错的厘清也很重要；但家庭却是个讲“情”的地方，无论是夫妻还是亲子之间，彼此的付出是很难扯平或对等的。

历经这样的体悟之后，我最大的改变就是，不先看Eerine对我多好，才决定对她多好，或是先计算她对我家人付出了多少，再回报多少给她家人；反之，我会学习接纳她以自己的方式付出，我则是做我本来就想做的部分。只要是出于甘心乐意，那么事后便无须再称斤论两，不再计较谁付出得多谁付出得少。

虽然我不敢保证在方方面面都能做到，但至少清楚那是应该要努力的方向。开始改变以后，婚姻关系也确实变得比较好。另外，还有一点我们也在学习，就是接纳对方处理冲突的方式。

在我们的婚姻中有冲突时，Eerine是希望马上把话说清楚并且要我先道歉，偏偏我面对冲突的方式是先沉默或离开现场，希望等彼此都冷静了之后再来沟通。这样的差异，一直是我们婚姻多年来挥之不去的难题。现在的我们已经比较能够接纳另一半就是不一样的人，而光是认清这一点，便足以避免后续更多无谓的争吵。这些智慧帮助我们的婚姻快乐指数可以持续地震荡走高。

最后，我想再次以翁景民教授的丰盛生命理念来做呼吁。正因为工作只占了生命版图的五分之一，为了兼顾其他面向，所以就更需要个人在职场尽心尽力，用专注且有效率的方式把工作做对做好，下班回家才有办法真正放下公事，好好享受跟家人和友人的相处。把家庭生活提升到质与量兼具的境界，这便是我想跟大家分享的最棒的家庭经营之道。

领导力养成之

六种价值面向

四

身心健康

▶ 工作是一时，健康却是一辈子

似乎只要跨过了60岁大关，每年收到的白帖子就开始变得比红帖子多，而且这些白帖子当中，最令人感到不安的，莫过于上头写的吊唁对象，正是自己的同辈或同事。

我曾经在短短的一天，参加了两场同学的追思会，一个是大学同寝室的拜把兄弟，一个是初中同班同学。

先说说大学拜把兄弟，他出身彰化和美乡下的农家。同住一间寝室的那些年，我一直很欣赏他的纯朴单纯，他也蛮喜欢我的真实不做作，一个台北城市孩子、一个彰化农家子弟，哥儿俩一拍即合。过往让我印象非常深刻的一点是，寝室里住着六位同学，只要还有一位在看书，他就不敢睡，担心自己念的书比别人少，即使同学都已经上床关了灯，他都会再念一下才睡。

追思会当天，他的儿子在追念爸爸这一生的时候提到，早在四五年前，他就已经被诊断罹患大肠癌，而且治愈率还蛮高的。但因为担心开刀会影响到工作和家中经济，所以选择了传统治疗法，试图以吃中药的方式来控制病情。直到2016年11月他届龄退休，终于可以好好治病养病的时候，但身体状况却已经撑不住，几个月后就撒手人寰了。

他儿子哽咽地说，爸爸在世的时候因为花太多时间在工作上，心里总对家庭和孩子有一些遗憾，如今想要弥补也已经来不及。借此劝诫大家，工作固然很重要，但千万不要让它占据生命中最重要的位置，以免会失去更多更多。

至于另一位同学张广润，是个做事一板一眼、认真型的人，大学毕业服完兵役，就进入到一所初中任教。有一次，他抓到学生作弊而予以处罚，事后却被学生家长告状，他一气之下突然中风，三十几年几乎瘫痪在床，即使意识清醒却因为气管切开的关系，讲话不如一般人清晰。原以为他应该可以顺利地活到自然终老，不料却因为尿毒症而不治身亡，事发突然，同学们听到噩耗时都很难接受。

当提早或突然从生命中消逝的人愈多，便愈加令人深刻体悟到人生的无奈和无常，也因此让我更加自许“人生要过得精彩一点”。面临这种生离死别的时刻，亦会特别感受到有信仰真好。是故，举凡工作或事业、成功或财富，乃至于权力和地位的追求，真的不要太强求。

以我自身为例，过往无论是在美国还是在中国，也无论是在哪个工作岗位上，我都是滴酒不沾。听到这一点你可能会觉得很惊讶，心想在美国大概还行得通，但在中国这种应酬文化当道的地方，一口酒都不陪客户喝，竟然也能做成生意，可能吗？

以前也有很多人警告我说，这么坚持一定会“死”得很惨，因为会没有客户朋友，但事实证明，若是不这么做我恐怕只剩半条命。我不喝酒的原因很单纯，就是肝对酒精过敏。这样的坚持也让我看到，其实只要能了解客户的痛点并帮他们解决问题，为他们创造出更高的价值，那么即使不靠喝酒搏感情，一样也能建立起良好的合作关系。

曾因轻忽，一度与死神擦身而过

只不过，即使这么小心注意，身体还是曾无预警出现大危机，差点就没命。先前提过，远东集团曾经投资了1亿美元在苏州，打造一座全新的工厂，请我担任总经理。当时在远东英威达打了反败为胜的一仗，连创业务上的佳绩，以至于过度自信，接下这个新工作之初，我深深相信自己一定能带领新公司的员工进入充满机会的新市场。

哪知道形势比人强，在那个过程中，我虽然希望快一点为公司赚钱，但是新工厂的设备开始运转后，产品质量尚不稳定，一些关键产品也还须经过客户严格的认证，才能取得订单。另外，以前是做民生纺织，这次是转做工业丝和工业用布，产品、市场、客户都是陌生的领域，近千名的新员工素质又参差不齐，状况频出，产品销售量、价格，还有越来越多的库存都是压力。

对内，我除了要不断与拥有工业纺织专业技术的干部一起抓问题，提升工厂生产良率；对外，我还亲自带领团队拜访和开发一些海外客户，结果就是累积出一些状况，但我都忽视了，最后在关键时刻爆发，命差一点就挂了。

那时候我们努力找到了一个全球最大的客户，为了出席对方与远东集团徐旭东董事长的会面，我特地先从大陆飞到台湾，落脚在敦化北路上的一家饭店。其实那几天我的人已经不太舒服了，因为痔疮的老毛病发作还伴随着出血，但我一时不察，误以为是拉肚子，只随便吃些止泻药来应对。

第二天，拖着昏昏沉沉的身子准备去搭公交车时，突然一阵天旋地转，接着眼前一黑，我昏倒在公车站牌旁的大马路边。不知道过了多久，才慢慢醒过来，并拾起掉落一旁的手机，有气无力地告诉远东同事说，我的身体状况恐怕不太行了，得先去附近的长庚急诊，请他们先协助接待重要的国外客户。

来到长庚急诊室，医师说需要开刀，徐董事长得知后，立即派救护车把我载回远东集团旗下的亚东医院并安排立即开刀。手术后在医院休养，才从医生口中得知开刀前已经失血过半，幸好没伤及脑部，那是我第一次和死亡如此近地擦身而过。之后检讨，是自己高估了身体的能耐，也低估了无形压力可能造成的影响，结果是差点毙命。

历经那一场大病，我就再也不敢轻视压力的影响，并调整对工作成就的得失心，慢慢朝向更平衡的人生境界迈进。再怎么说，工作都是一时的，身体的好坏却会跟随我们一辈子，所以呼吁大家，再忙也别忘了好好照顾自己。

领 导 力 养 成 之

六种价值面向

五

平衡人生

▶ 为自己加值而成功，为他人加分而有意义

成功的定义是什么？世俗的角度而言，不外乎就是名利双收，同时坐拥一定的权力和地位；但以信仰的角度来解释，观点却大不同，成功其实是活出意义和正面影响力，做到这些便可称之为成功了。

在离开远东集团亚东工业（苏州）公司后，老东家杜邦又找我回去担任高性能涂料亚太区的技术总监，签了4年的合同。就在合约到期前的五六个月，我毅然提早退休。这回离开的原因是，我找到了一扇更有意义的大门，那就是到台湾中华大学担任教职。

到学校报到之前，Eerine曾问月薪是多少。我说没有问，因为我已可以挑选自己热爱的工作而不需要担心薪资多少。等拿到第一份薪水时才发现月薪不到前一份工作的十分之一。幸好，Eerine知道我一直很喜欢教书，眼见机会难得，还是愿意支持我的生涯转型。

在那个时间点我走上了教职的路，让我有机会召集一群志

同道合的好友，共同来推广“长青常胜领导力”课程。

转眼间，从事教职工作已经好几年，我从一个资历丰富的高阶主管，转型成为专门讲授领导力课程的教授，希望能以人生前半段的经历为养分，通过教书方式来滋养后生晚辈，为他人的生命加分并因此得到提升。

或许不同于一般教领导力的老师，把重点大多放在告诉大家如何成功，我则更常鼓励大家要追求一个平衡人生。譬如在教导如何凝聚团队向心力，除了讲述一些基本领导原则，我会举早年鼓励团队组织脚踏车队、篮球队，以及通过拓展训练活动把团队带到户外的例子，借此让前来上课的学员们学习到，原来只要动动脑换个方式，就能帮助团队中的每个人活得更健康和平衡，何乐而不为呢？

况且我也注意到，当大家参加完拓展活动之后，工作时不仅更加有活力，因为在活动中培养出的革命情感，以及活动本身强调的团队精神，大家回到岗位上也变得比较愿意互相帮忙，彼此的关心和互信程度随之提高。

参加马拉松，与团队建立革命情感

在前一章“自我领导”中曾提到马拉松，那是一个常被我拿来分享的故事。早年刚从美国杜邦被派到与远东集团的合资公司时，为了让自己的空降身份不那么敏感，同时也希望能尽快跟下属建立关系，我很用心在想办法融入当时的团队。

加入的第一年，某天一位年轻工程师来找我说：“Thomas，我们每年都去参加太鲁阁国际马拉松，你要不要一起去？”我愣了一下，心想自己都50多岁了，过去也没有跑过马拉松的经验，体力上会不会吃不消？但同时我又考虑到，若是拒绝了这个善意邀约，恐怕就失去一个跟大家建立革命情感的机会。

于是我反问他：“我是很想参加，但又担心体力无法负荷，这样吧！除了全马和半马以外，还有其他的选择吗？”他告知还有一个快乐健走活动，全程只有5千米，我立马决定参加5千米的健走。为了去太鲁阁，我们公司租了一辆游览车，载着公司一群年轻员工浩浩荡荡出发，让我想起学生时代大家一起开心去郊游的心境，关系的建立变得轻松自在许多。由于5千米的健走路程不是太困难，早早我就在马拉松比赛的终点为公司的同事加油。

第二年，大伙又来邀请我和他们一起去太鲁阁跑半马，想到要继续与团队建立革命情感，我答应他们，也报了名。

那次半马的经验就很凄惨。因为事先没有规律性参与大家在下班后的练习，加上那次是跑21千米，沿途又有一些坡道难度，我的体力和腿力几乎负荷不了。幸而，靠着短暂的休息和坚强的意志，还是完成了生命中首次的半马，成为全公司最后一位抵达终点的选手，代价是将近一个礼拜几乎无法走路。

到了第三年，大伙被我前一年的挑战精神所激励，说：“Thomas，我们看你那么坚持跑完半马全程，精神可嘉，所以我们今年也想自我挑战一下，改为参加全马，而且听说全马可以跑到太鲁阁里面，很漂亮。”被他们这么一说，我的心也蠢蠢欲动，想到平常开车都没有时间好好欣赏东部美景，便答应一起报名全马。谨记第二年半马的惨痛教训，这一回我经常利用下班后或周末假日，请Eerine陪我到家附近的小学操场练跑，每次总会跑上个几十圈。

然而，在距离比赛只剩下一个月的时候，一场地震造成太鲁阁部分路线坍方，主办单位临时更改路线，那些年轻同事发现进不了太鲁阁，觉得没意思，又全部改成跑半马。唯独我，因为不甘心已经练了这么久，也不晓得未来有没有机会再参加这样的比赛，便坚持要挑战全马。

挑战全马，展现坚持到底的精神

比赛当天，传来“砰！”的一声后，我开始倾身迈向这段充满未知的全马旅程……

沿途中，以缓慢的速度目送大多数的选手，一个一个从身旁超越而过。每当脑海中浮现“会不会跑太慢了？”的质疑时，总会安抚内心不安的自己说：“没关系，抓到节奏慢慢前进就可以了，这次参赛的重点是要跑得完而不是跑得快。”

只不过即使是这样想，在差不多一半的路程之后，我还是一度陷入了“撞墙期”，觉得自己再也无法往前踏出任何一小步。这时候该怎么办？除了靠暂时性的喘息调节一下体力，我当时采取的做法是在心里唱歌为自己打气。

努力撑着撑着，终于，赶在6小时的截止时间之前，以5小时45分39秒的纪录，抵达终点。当Eerine看到我的身影冲过终点线，激动地上前给我一个拥抱，因为她迟迟等不到我，担心出事，已经跑了好几趟急诊站，看看我有没有被救护车载回来。那次的经验也让我真实感受到，当一位领导者不只要懂得带人，必要时还需愿意面对失败的风险以身作则，也证明只要愿意付出时间练习并且保持信心，终究会有达成目标的一天。

直到今日，每当向人娓娓道来这个故事时，心里还是会生出一股感动。这次经历也让我体悟到，若将跑马拉松比喻成领导团队，很多新手常会犯的错误是，一开始就因别人往前冲自己也急忙加速跟着，殊不知这样反而会自乱阵脚。因此跑全马的行家会建议踏出第一步就要赶快稳定步伐，把前进的节奏感建立起来，方能顺利跑完全程。

另一个体悟则是关乎人生。有时想想，每个人的一生不也像是在跑马拉松吗？因为个人的路程不同及体能状况的差异，沿途会碰到的困难也不一样，然而不变的原则却是一路坚持，才能抵达终点！而也唯有亲自跑过这么一趟人生道路，我们才能扎扎实实收获到独特的生命经验；反之，很多事情若是没有亲自去体验，任凭人家再怎么讲，终究还是属于别人的经验。

而我，作为一个领导者、学校教授、“长青常胜领导力”课程推手兼讲师，无论是过去、现在还是未来，我都希望能以自身的正向经验，来激励他人勇于活出生命的精彩。

领 导 力 养 成 之

六 种 价 值 面 向

六

变革种子

▶ 常胜领导，是为了促发真正的改变

改变的起点，往往源自一颗小小的心念种子。而我之所以开始渴望通过“长青常胜领导力”的推广，协助企业（尤其是中小企业）一步步迈向变革，主要是被“全球领袖高峰会”中许多的讲师故事感动故事感动。

这数十年来，参加过不少的领导和管理课程进修，影响我最大的领导典范，除了先前多次提及的约翰·麦克斯韦尔，我跟了他至少20年，再者应该就是“全球领袖高峰会”。

2013年，我开始在台湾通过现场直播或看DVD的方式，参加全球领袖高峰会。这是一个号召力非常惊人的组织，每年都会针对行为、职场、生命等多元议题来聘请知名演讲者公开授课，在为期两天的研讨会中，光是美国境内就有几十万人参加，通过现场直播或是录像的方式，在全球120个国家和地区播送时所吸引的人数，更是不计其数。

以台湾地区为例，每年都会播放10场左右的讲座，台湾地区的主办单位除了会将这些内容编成中文教材，还会安排专人

在现场带大家领读，聆听讲座的过程中，每位参加的学员都宛如学生般在勤做笔记，收获颇丰。

全球领袖高峰会的诞生是在30多年前，一位年轻的牧师有感于越来越多人不喜欢上教会，他毕业后靠着卖西红柿挣了一些钱，然后租下一个戏院作为教会的聚会场所，以推翻大家对教会空间的刻板印象。多年之后，慢慢体会到领导力的重要性，于是他又开始尝试举办年度性的全球领袖高峰会，一路办到了现在，参与人数也从原本的几个人，暴增到如今的上百万人。

至于演讲者的部分，几乎个个都是强者。来自企业界的像是福特汽车的总裁、惠普科技的总裁、奇异公司的总裁等，另外也有像是约翰·麦克斯韦尔这一类的企管顾问界大师、哈佛或斯坦福大学的知名教授，以及一些重量级官员。

有一年，在全球领袖高峰会听到一位乌干达财务局的官员艾伦的分享后，感触良多。她提到，财务局原先的名声很不好，在人们心中常常与勒索、贪腐、洗钱这些字眼画上等号。但因为她在当中发挥正向领导力，推广清廉作风的同时也以身作则，终于慢慢扭转财务局的组织文化。

我之所以对那次的分享很有感觉，是因为那让我反思到，如果连思想较为守旧的行政机构都能有所转变，那企业界岂不是更有潜力吗？

因为心中被埋下的一颗颗变革种子日渐发芽，我开始渴望号召一群志同道合的各领域精英作为“长青常胜领导力”的教练，希望借由生命影响生命的方式，孕育出更多优秀的领导者。即使偶尔我也会单独受邀至中国大陆或是泰国等地的学校去授课，但大部分时候我还是喜欢像学生时代那样打团体战术。

毋庸置疑，一群人所能展现出的能量，永远会比一个人来得强大。况且我也很清楚自己是个靠团队的人，创新不是我的强项，但只要跟别人搭配，我通常会是个蛮好的推手。换句话说，只要有个创新者先发明出一样东西，我就知道如何帮对方改进到更好，可以实际应用出来。

利用任务编组，让成员发挥所长

我也发现，自己蛮偏爱任务编组的合作方式。早年我带领跨部门团队时，虽然没有比团队成员高的职称，也没有管理他们的权力，却还是可以用不同方式激励大家提出建议，或是热切参与其中，最终顺利完成阶段性的任务或目标；近年推广“长青常胜领导力”课程，面对团队中的20位教练，我也常跟他们自嘲说，我真的是头脑简单、四肢发达，所以特别需要大家一起共襄盛举，同时我也会依据不同专才来规划课程内容，让每个人都有所发挥。

Eerine观察了几年下来，也曾有感而发地跟教练说：“虽然Thomas不是一个最聪明能干的人，却懂得找来一群比自己聪明能干的人投入他想做的事情，光就这一点来说，他便称得上有领导能力，因为要拉得动一群比自己能干的人也不是容易的事。”

若你问我，究竟是如何点燃教练内心的火种的？有一个非常重要的关键是，这些教练绝大多数都具有很强的使命感，我也常跟他们分享过往与中小企业生意往来时的经验。

任职杜邦公司期间接触到的客户大多是中小企业。我和这些中小企业老板的交情如同好友，而且对他们充满敬意，尤其是当我明白在台湾做生意越来越艰难，加上人力成本越来越高，若单从经济和利润的观点来评估，其实他们早就可以把工厂关掉。但实际上，很多中小企业老板基于社会责任的考虑，并没有这样做，看到他们这么正派且努力地坚持着，便让我不禁思考，自己可以为他们做些什么？

后来我渐渐注意到，台湾的中小企业因资源有限，不像大企业那样可以时常送员工到海外受训，或是经常聘请到产业资历丰富的企业顾问来做内训。因此我便开始依靠大专院校的MBA和EMBA平台，展开“长青常胜领导力”的课程培训，借此在教练和中小企业老板或主管之间，搭一座知识和经验交流的桥梁，结果发现反响相当不错。

变革由小至大，星星之火亦可燎原

另一群同样是我很想协助的对象是学校老师。其实早先我对老师这一块并没有什么想法，直到自己进入大学当全职老师，看到少子化对他们的冲击，打从心眼里觉得现在的老师真的是越来越难当；与此同时，我也听到太多学生反映说，老师们讲的都是书本上的理论，一点都不生动，学生的参与度越来越低，老师的教学成就感自然提升不起来。

我也确实观察到，很多老师因为本身缺乏产业界的实务经验，教到个案研讨时，常常都是从书本、杂志或是网络搜集企业案例，分享的也都是一些高阶经理人的领导经验，而非老师自己的职涯体验，讲的内容像是在隔靴搔痒，无法发现实际的症结所在。

为了改善这样的教学现象，我曾经跟教练建议说，有没有可能我们来作为学术界和产业界的一个交流平台。举例来说，我们可以请某大公司的人资部门总监，和一个专门教授人力资源课程的老师，两人合开一门课，提供学生理论与实务并重的课程内容，借此不仅可互相加持，也能带给学生更好的教学质量，实为三赢。

毋庸置疑，这肯定是一个漫长的撒种过程。如同教练当中最受欢迎之一的谈云生，他曾是知名台湾企业旺宏电子派驻在苏州的总经理，在课堂上分享如何在组织内推广品格教育。让我印象最深刻的一点是，他说推广品格教育的过程就如同在撒种，不可能一两年就马上开花结果，但只要耐心浇灌和施肥，也就是持续投入资源去推动，三四年过后便会慢慢看到一些成果。

管子曰：“十年树木，百年树人。”若是种一棵树都需要等上十年的时间，那么培养一位优秀的领导者，岂不需要投入更多的时间和精力吗？秉持着这样的理念，“长青常胜领导力”教练会持续用一场场讲座或课程，将变革种子撒进每个人的心田，包括此刻正在看这本书的你。

1997年，诺贝尔物理奖得主及前任美国能源部部长朱棣文博士，他的一段话可以帮助我们思考是否找到自身的人生意义，而且成为别人变革的种子。他说：“将来当你老了，回顾这一生的成就，最大的光荣不会来自于得了什么物质或功名，而是你影响了哪些人？带来了哪些改变？”

相信撒下的种子就像是星星之火，终会在各处发光发热，终有一天会引发那燎原之火，带来巨大的改变，是远远超过我们所求所想的！